中公文庫

中国史の名君と宰相

宮崎市定
礪波 護編

中央公論新社

目次

中国史の名君と宰相

Ⅰ　大帝と名君

秦の始皇帝

始皇帝（前二五九―前二一〇）は中国戦国時代の末に生れ、十三歳で父を継ぎ秦《しん》王（在位前二四七―前二二一）となり、次々に諸国を滅ぼして天下を統一し、皇帝（在位前二二一―前二一〇）と称した。これが中国における史上最初の大統一であり、また、その後二千年余にわたって継続した皇帝制度の起源である。また歴史的には、これが東亜における古代帝国の成立と見られている。

始皇帝が秦王としての在位二十年余の間に、それまで対立していた他の六強国を打倒して天下を統一した事業はまことに目覚ましいが、当時は社会の大勢が大きな転換期にさしかかり、戦国の内戦がようやく終末に近づきつつあったのである。顧みると戦争にあけくれた戦国時代約二百年はあまりにも長かったが、実はその前に更に春《しゅん》秋《じゅう》時代約三百年があり、これもまた戦争に日も足りない混乱の世であった。その結果、人民の間には戦争はこりごりだという厭戦《えんせん》気分がみなぎり、勝敗を度外視して、一日も早く平和を求める願いが強まったのである。

戦争の継続が人民にとって災厄であったのはもちろんだが、しかしその反面、有利な点もないではなかった。中国の上代の社会には、あたかも西洋古代におけるように、完全な市民権をもち、同時に一朝有事の際には武装して戦争に従事する義務と権利を有する士の階級と、市民権を認められないで政治、軍事の埒外におかれた庶民の階級との対立があった。それが戦国時代に入ると、諸国の政府は国防の必要上、庶民の協力を求めざるをえなくなり、庶民を軍隊に徴集して使役すると、やがて彼らが将校となり、官吏となることを阻止することができず、ついに士と庶民との区別が失われるようになった。軍隊の指揮官も春秋ごろまでは、古い家柄を誇る名家の出身が任命されたが、戦国時代に入ると、戦術が進歩したため、専門的な知識と経験が必要となり、庶民のなかからも優秀な才能あるものが登用されるようになった。なかには職業化した将軍も現われ、外国の君主から招聘《しょうへい》されて軍事を請け負うようになり、これとともにその忠誠心が薄くなって、ときにはその主君に対して反乱を起すことも少くなかった。これは軍隊が無国籍化したことを意味する。

これとあわせ考えられるべきものに、商業の繁栄がある。上代の都邑《とゆう》には特定の商業区域として市《いち》が設けられ、これは古代ギリシア、ローマにおけるアゴラ、フォーラムに比すべきものであるが、商業が興隆するとともに市が栄え、そこで活躍する商人の富力が増大してきた。彼らのなかには船や車を用いて遠隔地商業を行うものもあり、商品を買い占め、物価を騰貴させて暴利を貪《むさぼ》るものもあり、このようにして得た巨富により、君主に接近して政商となり、更に進んで政治家となるものも生じた。これら大商人の活動は一国内に限られるものでなく、外国にまたがって商利を追い、いわば多国籍企業であったので、彼らは必ずしも特定の国家に対して忠誠を誓うことはなかった。このような大商人の無国籍的な行動が、将軍たちのそれと相俟《ま》って、国家間の勢力均衡を不安定なものとした。そこである一国が強くなって他国を圧迫しだすと、この傾向は加速度をもって強まり、これまでの勢力均衡が止めどなく崩壊するのである。秦の統一事業はこういう情勢を背景として実現したのであった。

秦という国は、西周の孝王（在位前九〇九―前八九五？）のとき、嬴非子《えいひし》がその地に封ぜられたのに始まるという。それから三十五代目の荘襄《そうじょう》王（在位前二五〇―前二四七）が始皇帝、本名政《せい》の父である。始皇帝が秦王としての治世の初め約十年間は、呂《りょ》不韋《ふい》が宰相として権力を握っていた。彼は韓《かん》国の出身であるが、趙《ちょう》国の都で始皇帝の父と知りあい、大金を秦の朝廷に散じて運動して、これを王位につけることに成功し、その功によって秦の大臣となったのであった。あるいは始皇帝は荘襄王の子でなく、実は呂不韋の子であったとも伝えられる。

当時秦の領土は現今の陝西《せんせい》省を中心とし、東方と南方に向って隣国を蚕食し、その領土を拡張しつつあった。陝西は現在では地味が痩せて生産が振るわず、経済的に後進地域であるが、当時においてはかえって農産物の豊かな肥沃地帯として知られていた。特に始皇帝の治世の初めに韓から送りこまれた水利技師の鄭《てい》国なるものを用い、灌漑《かんがい》工事を起して不毛の原野に水を引いて耕地を作ってから、ますます穀物が豊富となった。

秦の都はのちの長安に近い咸陽《かんよう》におかれ、これは商業上に特殊な地位を占めた。おそらく当時すでにシルクロードが実際に存在し、この地は中国の絹が西方に輸出され、西方の玉などが輸入される関門に当っていたと思われる。そしてその際の共通の貨幣は黄金であったであろう。この世界的な大都市を例外として、秦の領土には農民の集団である都邑が多く、秦の政府は必要に応じてそのなかから軍人を徴集することができた。秦の軍隊は騎兵の多いのが特徴であり、それは農民が原野で牧養するほかに、更に北方の遊牧民族から馬を購入することが容易であったからである。秦の人民は騎馬民族と称するには不適当であるが、騎馬戦術には長じていた。

秦は紀元前二三〇年、その東南に接する隣国韓を滅ぼしてその地を併せた。韓は他の列強に比べて領地が最も狭小であったが、武器製造業の盛んなことで知られ、七強国の勢力均衡の上に乗って命脈を維持してきたのであった。その韓が滅亡したことは、天下の形勢が大きく転回しだしたことを意味した。

韓を併せて武器工場を手に入れた秦は、次に東北のかた、今の山西《さんせい》省方面の趙に対決を迫った。この趙はその北方において遊牧民族と接し、早くから騎馬戦術を採用し、この点ではむしろ秦よりも先進国であり、また幾度か秦の侵入を撃破して勇名をとどろかせたことのある、恐るべき強敵であった。しかしこのころ趙は新たに即位した王が暗愚で、国政が混乱していたのに乗じ、秦は何度か遠征軍を出して、苦もなくその地を平定した（前二二八年）。趙を滅ぼしたことにより、秦は軍馬の補給にいっそう利便を得ることになった。

滅亡した韓と趙との中間には魏《ぎ》があった。もともとこれら三国は、春秋時代の覇者であった晋《しん》から分かれた国であり、その中央に位した魏は古い周の文化を受け継ぎ、いわば中国正統文化の継承者であった。これに対し秦はずっと後進国であったので、絶えず魏から影響を受けながら発展してきた。秦が初めて強国となったのは孝公（在位前三六一―前三三八）のときに、魏からの亡命者、商鞅《しょうおう》を用いて国政改革を行ってからである。続いて魏から秦に入って秦の相となったのは張儀であり、秦と魏の同盟を枢軸とし、これに他の諸国を参加させ、いわゆる連衡の策をもって、秦の国際的地位をいっそう優越させた。ついで魏の人、范睢《はんしょ》が秦の相となり、いわゆる遠交近攻の策を用いて、まず近隣の諸国に矛先を向けて、その地を侵略し、領土の拡大を計った。始皇帝の政策はこれを受けたものであり、今や魏が侵略の的となる順番がきた。文化的に進んでいた反面、軍備をないがしろにした魏は、秦の攻撃を受けると、ひとたまりもなく征服された（前二二五年）。

ここにおいて秦は第二段の遠隔地作戦に着手した。その手始めは南方揚子《ようす》江流域の楚《そ》に対してである。楚は春秋以来の大国で、領土は諸国に比して最も広く、物資も豊かであった。ただし当時揚子江以南の土地はまだ開発が進まず、人口も希薄であり、生産能率もあがらず、まだ今日のような繁華な面影は全くない。しかしさすがに大国であるから、秦は国力をあげて大動員を行い、六〇万の大軍を興して楚に向った。おりしも楚では王位継承の争いがあって人心が動揺しており、土地が広いために動員が速やかに行われないのに乗じ、秦は兵力を集中して各個に攻撃を加え、次々に城邑を破って楚の全領土を征服した（前二二三年）。

その翌年、秦は東北に向い燕《えん》を滅ぼした。燕は西周の一族で開国の際の大臣、召公の建てた国と称せられるが、実際は最も遅れて開けた土地で、国力も弱く、たちまち秦軍に平定された。あとに残るのは今の山東省に拠《よ》る斉《せい》のみで、斉は秦に欺かれて相互に不可侵の約を守り、諸国が秦に攻められて滅亡するのを傍観しながら、毫《ごう》も意に介せず、局外に立って独り平和を享楽していた。その油断を見すまして、燕を滅ぼした秦軍が兵を反《かえ》して斉を襲うと、斉はなすところを知らず、無抵抗のまま降服した（前二二一年）。斉はもと楚に次ぐ大国であり、富強をもって知られ、ときには秦と対峙《たいじ》して互いに帝と称しようとしたほどの強国であったが、ここに至って脆《もろ》くも滅亡に陥ったのである。しかし脆いといえば、斉ほどでなくても、諸国の場合においても、その抵抗は意外に脆かった。これは征服者の秦に対して、一見幸いしたように見えるが、実はそこに大きな不安の種を蔵していた。被征服地に徹底的な戦禍による荒廃をもたらさなかったことは、敗者にとって完全な敗北感を伴わず、まだ全力を出しきっていない間に、早くも敗戦を宣告されたようなものである。そこに再起を狙《ねら》う余力が温存されていたわけで、これは征服者の側にとってははなはだ危険な状態であるが、はたして始皇帝の政府はそれを十分に自覚していたであろうか。

とまれ始皇帝にとっては、新しく勝ち取った統一と平和とをそのまま維持するのが当面の課題であった。秦は商鞅の変法以来、法家の学説によって国を治め、始皇帝の丞相《じょうしょう》として統一事業を助けた李斯《りし》も法家の使徒であった。法家は政治を最高の使命とし、政治の源泉は君主にあると定め、絶対君主制を唱え、法律万能主義を信じる。始皇帝は天下統一の直後に、従来の王号を棄《す》て、新たに皇帝と名のり、ここに以後二千年余にわたって中国に行われた皇帝制度が成立した。いわゆる皇帝なるものは、単に中国人民の主権者たるにとどまらず、世界人類の支配者であり、対立するものの存在を許さない絶対的存在である。したがって皇帝はいわば固有名詞であり、これに限定的な意味の形容の言葉をつけない。秦の皇帝ではなくて、ただ皇帝だけである。始皇帝の始は一世の意味であり、死後になって次代皇帝と区別するためにつけた諡《おくりな》であって、在世の皇帝は常に単なる皇帝だけを称号とする。現存する皇帝はただ一人しかいないからである。そして中国以外の国家の君主と人民も、すべてこの皇帝の主権の下に立たねばならぬものであった。

すでに皇帝が直接支配する中国が統一されたのであるから、そこに画一的な、公平な統治を行わねばならない。秦の政府は全国を三十六の郡に分かち、郡の下に県をおき、郡には守を、県には令を任じてその地を支配させた。県令は直接に人民を治め、郡守はこれを監督するが、この制度は古代ペルシアにおけるサトラピイ(satrapy)の制度に類似する。新制度の郡守、県令は天子に任ぜられた代官であって、前代封建下の王公のように、土地人民を私有することができない。同時に地方人民の代表者ではなく、あくまでも中央から派遣された出先機関であり、中央で定めた法律をもって地方人民を支配するのである。そして秦の場合、その法律は全く画一的なものであり、地方の伝統、地域の特殊性をほとんど考慮しなかった。この点が、大いに地方人民の反感を招く結果となった。

戦国の間、各国はそれぞれ独自の制度をもち、法律も、習慣も、文字も、度量衡の単位も、互いに異っていた。始皇帝はこれらをすべて秦の制度によって統一した。このなかで最も成功したのは文字の統一であった。中国は土地が広いうえに、系統の異る民族が混合しているので、地域による方言の差が著しく、言語では今日でも南北が互いに相通じない。しかし秦以来、文字を共通することによって、同一の古典を有し、同一の文字を有し、古典的表現を用いて手紙を書けば、互いに理解することができる。何億にものぼる中国人が、文化的にも政治的にも統一を保ってきたのは、その根底に文字の統一のあったことを忘れてはならない。

始皇帝は中国の統一を更に強固にするため、幾多の政策を実行した。その一つは新領土への巡幸であり、これは従来国王の存在を至上のものと考えていた地方人民に対し、新しい皇帝の絶大な尊厳を知らせるための示威運動であった。そして至るところの名勝の地に石を立て、自己の功績を誇り、人民に訓戒を与える文を刻したが、そのあるものは残欠しながらも現今まで残っている。この巡幸の便宜のために、四方に街路樹を植えた大道を構築したが、これはそのまま軍用道路として使用できるもので、遠方に反乱が起ったような場合、ただちに大軍を派遣するのに役立たせるためである。このような政策は新しい統一君主がしばしば試みるところであって、古代ペルシアのダレイオス大王も同じことを実行している。

始皇帝が巡幸して勃海《ぼっかい》に出たとき、海中に蓬萊《ほうらい》などの神山があり、そこには仙人《せんにん》が住み、不死の薬があるということを聞き、徐市《じょふつ》（徐福ともいう）に命じ、童男童女数千人を率いて、海中に入ってその薬を求めさせた。この徐市らが漂流して日本に到着したという伝説もある。

更に始皇帝が南巡して揚子江を渡り、湖南に入ると、湘《しょう》水が南から流れており、その源に遡《さかのぼ》って分水嶺《ぶんすいれい》を越えた南越の地は南海に臨んでいて珍奇な宝貨の多いことの報告を受けたに違いない。彼は数年の準備ののちに遠征軍を派遣して、現今の広東《カントン》付近一帯の土地を征服し、新たに三郡をおき、五〇万の人民をうつして植民化を計った。三郡のうちの象郡は、あるいは現今のベトナム中部にあったように考えられるが、実際は広西《こうせい》省を中心とする地域だとするほうが正しい。

南方に対する征服は国内を動揺させ、人民を疲弊させたが、それよりも更に民間を騒擾《そうじょう》したのは、北方の経営である。内外蒙古《もうこ》（モンゴル）の地には、古くから遊牧民族が住居していたが、ただし彼らが騎馬戦術を習うようになったのは、そんなに古いことではなく、西アジアの先進文化圏からこれを伝えたのだという。しかしいったん騎馬戦を学ぶと、彼らは好戦的となり、匈奴《きょうど》族を中心としてしだいに強大な勢力が形作られてきた。始皇帝は北巡してその強盛なことを知り、三〇万の大軍を発してこれを討ち、匈奴を遠く北方に追い退けて占領地を内地化し、これを守るために万里長城を築いた。この長城は後世の長城よりもひとまわり北方を走り、黄河《こう》の湾曲を包み、陰山山脈に沿い、遼《りょう》河を越えてその東まで延びていた。

中国人はもともと農業民族であり、戦争には戦車を馬にひかせたり、戦馬に騎乗したりするが、騎馬民族ではない。これに反し北方遊牧民はその牧畜する獣群とともに生活し、騎馬して移動するので、その機動性がすこぶる敏速である。そこで戦国時代から北方に位する諸国は、奇襲に対して防禦するために、長城を築いて自衛する策をとった。秦はその策を踏襲したのであるが、ただし秦の場合、これは皇帝制度と矛盾するのを免れない。なんとなれば、皇帝は対立するものを認めない原則であるのに、長城を築いて自衛することは、長城以外を放棄して対立する政権の下においたことを意味する。ここに皇帝制度の限界があった。

秦の政府は更に進んで思想の統一によって政権を強固ならしめようと計った。春秋以来、各国には学問が栄え、儒家、墨家をはじめとし、諸子百家の多彩な学説が流行した。そのうちに法家はかえって遅れて世に出たので民間には勢力がなく、政府に用いられて官学となったため権勢を振るうことができた。始皇帝の晩年になって、丞相李斯の建議を用い、儒教をはじめ諸子百家の学を禁じ、秦国の記録、および医学、薬学、農業、卜筮《ぼくぜい》を除き、民間の書をことごとく集めて焼却し、ただ法家の学のみを存し、官吏にこれを学ばせ、民間の子弟に教授させた。これに対し民間の学徒らが始皇帝の行為を誹謗《ひぼう》したので、政府はその四百六十人あまりを捕らえて穴埋めにした。いわゆる焚書坑儒《ふんしょこうじゅ》の惨劇で始皇帝の虐政と称せられる。

始皇帝の諸政策のなかには、統一を強化するためにやむを得なかったものもあるが、また勢いに乗じて度が過ぎ、いたずらに民間を騒がし、人民の反感を買った点も少くなかった。始皇帝自身は精力的で政治に励み、毎日山のように積まれた文書を処理したといわれるが、人の忠言に耳を傾けず、すべてを独断で決行したので、行き過ぎを免れなかった。天下統一ののち、諸国の豪族十二万戸を都にうつし、中央を重くし、地方の勢力を弱めようと計った。ほかに罪人など七〇万人を集めて大工事を起し、都に阿房宮《あぼう》を造り、驪《り》山において自己のために山陵を営んだ。この陵墓は深く地を掘って槨室《かくしつ》を造り、天井には天体を現わし、下には地形を造り、大海河川には水銀の流れが常に動いてやまず、もし外部から侵入するものがあれば、自然に弩矢《どし》が発射されるような仕掛が施されていたという。一九七四年にこの始皇帝の陵墓の一部が発見され、そこからおびただしい戦士や軍馬の塑像が発掘された。

始皇帝は最後の南巡から引き返し、河北へ来たときに病にかかって死んだ（前二一〇年）。在位足かけ三十八年であった。彼は従来、悪虐な暴君の代表者のように言われてきたが、現在中華人民共和国における評価はこれと異り、特に批林批孔以後、孔子非難に反比例して、始皇帝はかえって進歩的な開明君主だとして見直されることになった。たしかに始皇帝は困難な中国の統一を成就し、その後の中国に新しい方向を決定した功績があるが、それが従来の奴隷制度を廃止して、封建制度に導いたとする新学説は更に検討を要する問題である。もっと大切なことは、始皇帝の政治には大きな欠陥があったのを知ることである。

始皇帝が信じた法家の学説は性悪説の上に立ち、きわめて自然な人情の弱点を認めず、ひたすら法律の力によってそのイデオロギーを貫徹しようと努めたため、人民に休息を与えることをせず、政府の積極政策の犠牲にして顧みなかった。皇帝が人民に与えた法律は厳格に守られるべきで、違反者は必ず峻厳《しゅんげん》に罰せられなければならない。ここに重刑主義、恐怖政治、秘密政治が生れた。法律の源泉は皇帝の意志にあるので、皇帝の地位は絶対尊厳で、法律を超越し、何者もその動きを抑制することができない。ここに大きな落とし穴があった。というのは、いかに皇帝が独尊であるといっても、皇帝がその権力を行使するときは、助手として必ず側近を必要とする。そして側近者なるものは、常に皇帝と一体となって行動し、外部からは両者の見分けがつかなくなることが多いのである。このように予見される危惧《きぐ》は、始皇帝が死ぬやいなや、すぐ現実となって現われた。

始皇帝の側近の有力者は、丞相李斯《りし》のほかに宦官《かんがん》趙高があった。始皇帝が巡幸の帰途に死ぬと、両人が計って喪を秘匿し、都へ帰着するまでの間に、重大な陰謀を企《たくら》んで実行したが、群臣はほとんどそれに気付かず、もし気付いても刑罰に萎縮《いしゅく》していて反対を唱えるものがなかった。両人の計画の第一は、始皇帝が定めておいた太子扶《ふ》蘇《そ》を処理することで、始皇帝の偽詔を作り、扶蘇のもとに送り、その罪を責めて自殺させた。第二は始皇帝の後継者を立てることで、都に帰って喪を発すると、暗愚な少子胡亥《こがい》を遺詔によると称して位につけた。第三には反対派を除くことで、もとの太子の親近の将軍蒙恬《もうてん》、その他の大臣、胡亥の兄弟、その他の宗室などの有力者を次々に粛清した。すると次にくるのは李斯と趙高との勢力争いで、趙高が勝って全権を握ったが、天下の政治はもちろん宦官などの手におえるものではない。都の人民までが愛想をつかしたところへ、始皇帝の政治に幻滅を感じていた地方の人民が、期せずして一斉に蜂起し、脆くも秦の天下は内乱の波に洗われて崩壊し去るのである。

〔参考書〕桑原隲蔵『秦始皇帝』(『桑原隲蔵全集』第一巻「東洋史説苑」所収、一九六九年、岩波書店)がてごろだが、より詳しいことを知るには、司馬遷『史記』第六巻(一九六二年、筑摩書房)の「始皇本紀」を参照のこと。『史記』は中国古典であるが日本語訳数種があって何人にも読解できる。また特に始皇帝を主題としないでも、一般的な東洋史、あるいは中国史の概説書をひもとけば、それぞれのページ数に応じて必ず相応の量の記述がある。

漢の武帝

漢の武帝（前一五七または前一五六―前八七）は漢王朝七代目の君主（在位前一四一―前八七）、廟号は世宗。十七（十六）歳で即位して在位五十五年にわたり、死して茂陵に葬る。国内では諸侯を抑え、思想を統一し、暦法を制定して中央集権を強化し、外に向っては秦末以後、一時的に後退した国威を再び張り、東西南北に向って領土を拡張した。彼は王朝を超えて始皇帝の後継者であり、始皇帝が始めた古代帝国を完成した君主ということができる。

武帝は景帝の子で、名は徹、父を嗣《つ》いで即位したときに、漢は建国以来約六十年を経て、内治外交ともに従来の惰性を改めて、諸政を一新すべき時期にさしかかっていた。武帝はあたかも年少の血気盛んなときであったので、まず新人の登用に努め、司《し》馬相如《ばしょうじょ》、東方朔《さく》など、いわゆる文学の士を挙げてブレーンとし、老臣たちの因循無策を排し、活発な積極政策を推進した。

外交で最大の転換は、北方の匈奴《きょうど》に対してであった。蒙古《もうこ》（モンゴリア）に住む騎馬民族の匈奴は、秦《しん》の末ごろから強大となり、漢は国初以来、その侵略から免れるために屈辱的な平和条約を結び、年々莫大《ばくだい》な贈与を送って、その機嫌を損なわぬように努めてきた。しかし、漢はこの間の平和によって国力を養い、糧食武器の蓄積も豊かになってきたので、匈奴に対して攻勢に転じ、連年遠征軍を出してこれと戦い、匈奴の主力を大砂漠の北に逐《お》い、帰降した部族を属国として長城線の外側に配置して警戒に当らせ、国境を安全に確保できるようになった。

遠征軍の指揮官として、武帝は、前代から名将として知られていた李《り》広などを重用しなかった。それは有名人がすでに老将になっていたからである。軍隊を指揮するには青壮年に限ることを武帝はよく知っていた。だから彼が用いた将軍は、衛青、霍去《かくきょ》病《へい》など、いずれも武帝と同世代の人である。しかもこの両人はともに、武帝と個人的な縁故のある側近者であったことが注目されるが、当時においては、老将を退けて新進を抜擢しながら衆人を納得させるには、天子の側近を特用するよりほかに途《みち》がなかったのである。そして武帝の人選が誤っていなかったことは、事実によって証明された。

武帝の匈奴遠征は、これによって西方世界、いわゆる西域への交通路を確保しようという意図が含まれていた。秦から漢初まで、万里長城の西半分は黄河の流れに沿っていたが、武帝は匈奴を攻めて現今の甘粛方面を平定すると、長城の西端を北へ移してほぼ現在の形にし、新長城の南側に通商路を開いて、西のかた玉門関から新疆《しんきょう》省の砂漠の沿辺へ出られるようにした。漢の大軍は更にその先、パミール高原を越えて、シル河流域にイラン系民族のたてた大宛《だいえん》国を攻めて降《くだ》し、良馬三千頭余を獲て帰った。現今のいわゆるアラビア馬と同種のものと思われる。

大宛の西南、アム河流域の平野には、当時新疆地方から移住して国をたてた烏孫《うそん》族の大夏国が栄えていた。武帝は烏孫が匈奴と仇敵であると聞き、張騫《ちょうけん》をやってこれと同盟しようと計った。この軍事同盟は成功しなかったが、彼は大夏に滞在中、そこから更に西方地中海に至るまでの地に、古い異系統の文明を持った国々が栄えていることの知識を得て帰り、武帝に報告した。これ以後、東西の交通が大いに開け、隊商の往来が活発となり、従来知られなかった動植物も中国に輸入された。ただしこれは突然に無から有が生じたわけではなく、東と西とは太古から緩慢ながらも交渉を続けてきたことを無視してはならない。

長城は秦以来、東端が遼東半島を包んでいたが、武帝は更に進んで、朝鮮半島にあった中国人の植民国家、衛氏の朝鮮国を滅ぼして、その地を郡県化した。そのうち現今の平壌《へいじょう》におかれた楽浪郡《らくろう》は政治、文化の前進基地として栄え、日本も倭《わ》という名でその存在が中国に知られるようになった。

南方においても武帝は、秦末の乱に乗じて独立した南越国を滅ぼして嶺南《れいなん》地方を再び郡県とし、現在の広東《カントン》港はインド、南洋の物産の輸入口として栄えた。

国内に対しても武帝は、始皇帝と同じような中央集権政策を実行した。漢は国初以来、封建制と郡県制を併せ用いたが、武帝は封建諸侯を取り潰《つぶ》したり、その大なるものは細分化して勢力を弱めることを計った。また、これまで諸侯が各々の国内で君主の即位から数える紀年法を用いていたのを廃し、天子の定めた年号を全国一律に遵用させることとした。これと関連して暦法を制定し、中央の定める暦日を地方および属領に頒布した。以後も外国で中国の年号、暦日を用いることが、中国への臣属を意味した。

武帝はまた董仲舒《とうちゅうじょ》の意見を用い、儒教を奨励してこれによって思想の統一を計った。これは必ずしも儒教一辺倒の排他的なものではなかったが、儒教が政府の教育方針に定まると、ここに儒教主義を基盤とした官僚制が始まり、それが王朝の交替と関係なく、以後二千年余り継続することとなった。こうして武帝の柔軟な諸政策により、先に始皇帝が失敗した中国統一の理想が実現したのであった。

武帝は古来歴史上であまり評判のよくない君主であったが、近来は始皇帝に対する評価の上昇につれて、これと相似た点のある武帝もまた再評価されつつある。

〔**参考書**〕　吉川幸次郎『漢の武帝』（一九五〇年、岩波新書）は、表面的には豪奢な生活を送った武帝も、その家庭生活においては意外に孤独であり、不幸に満ちていた、そのような点を興味深く描く。ちなみに本項においては武帝個人についてはほとんど記述するところがなかったので、あわせ読まれると有益である。

隋の煬帝

中国隋《ずい》の煬帝《ようだい》（五六九―六一八）は姓は楊《よう》、名は広、父文帝（五四一―六〇四）を嗣いだ二代目の皇帝（在位六〇四―六一八）。父の代に南朝陳を滅ぼして南北を統一したあとをうけて積極政策を行い、大運河を開通させて南北の交通を便にし、西域、南海諸国を招いて貿易を盛んにし、日本とも好を通じたが、再三の高句麗征討に失敗して国威を落し、反乱四方に起って、自身も巡幸先の江都で殺された。

隋の煬帝は中国史上代表的な暴君とされ、王朝滅亡の責任者と見なされているが、従来の見方には幾分誇張があるので、その点は修正されなければならない。たとえば彼は即位の際に父文帝を殺して位を奪ったと言われているが、これは必ずしもすべての歴史家の一致した意見ではない。隋に代ったのは唐であるから、唐代人は唐王朝の正統性を主張するために前代を悪様《あしざま》に言うのが常であり、すべての悪を煬帝の所業に帰せしめようとするが、しかもなお唐初にできた『隋書』の記載は文帝の死について書き方が区々である。この点を注意深く読んだ宋《そう》の司馬光《しばこう》の『資治通鑑《しじつがん》』は、むしろ文帝被弑《ひしい》説に対して疑問を抱いた筆法を用いている。もちろん宮中奥深く行われた事実については考証の仕様がないが、当時の前後の事情を考えると、煬帝が弑逆《しいぎゃく》を行わねばならなかったような必然性は見当らない。

次に隋代の歴史を明暗の二色に分け、文帝の時代は平和な黄金時代であり、煬帝に至ってことごとく前代の政策をひっくり返して虐政を行ったために隋が滅びた、というふうに見るならばこれも正しくない。隋王朝は実は文帝のときから評判が悪かったのであり、煬帝はその父の負担分までを背負いこんで帝位に即《つ》き、どうにもならない宿命に翻弄された点もあったのである。この間の消息を探るには、百年近く歴史を遡って観察しなければならない。

華北一帯を征服して北朝と称せられた拓跋《たくばつ》部族の北魏《ほくぎ》王朝は、六世紀に入って国勢が衰え、国境警備隊の大反乱を契機として東魏と西魏とに分裂するが（五三五年）、そのいずれも皇帝は名目のみで、実権は軍閥の頭たる大臣の手にあった。長安を都とする西魏の宰相宇文泰《うぶんたい》はもと長城の北、武川鎮《ぶせん》に配置された軍隊の将校で、その同僚とともに長安に拠り、西魏王朝を戴《いただ》いて、東魏に対抗したのである。西魏は東魏に比して土地狭く、人口少く、物資も乏しかったにかかわらず、攻防を繰り返して屈しなかったのは、宇文氏を中心とした武川鎮出身軍閥の強固なる団結の賜《たまもの》であった。それのみではない。宇文泰の子は西魏を奪って北周王朝を立て、その三代目武帝に至って、東魏を奪った北斉《ほくせい》王朝を倒して華北を統一した。しかるに、武帝の子宣帝、その子静帝のとき、外戚の楊堅《ようけん》が実権を握り、ついに静帝を廃して、自ら帝位に即いた(五八一年)。これが隋の文帝であって、煬帝の父なのである。

この楊氏も宇文氏と同じく武川鎮軍閥の一員であるが、その家柄はむしろ二流をもって目されていたから、一時の機運に乗じて簒奪《さんだつ》を行い、天子の位に即いたことは、かえって一流の貴族からは反感と侮蔑を招く結果となった。更に易姓《えきせい》革命の際には避くべからざる粛清と殺戮《さつりく》が伴うので、これは従来一枚岩の団結を誇っていた武川鎮軍閥に対する裏切り行為として批難されるのを免れなかった。このような弱点を自覚していた文帝は自然に猜疑心が強くなり、大臣や大将を信頼せず、才能があって手柄を立てたものはかえって遠ざけられるので、腹心の臣下がない。どんな細かい政務も自分の手で処理し、絶えず密偵を使っては臣下の行動を監視しないと安心できなかった。

幸いにして文帝は南朝陳が衰えたのに乗じ、これを攻め滅ぼして、永く南北に分裂していた天下を統一するという成功を収めた（五八九年）。しかし思わぬ副産物がそこから生じて将来の禍《わざわい》の種となった。それは南征軍の総指揮官は次子の楊広、のちの煬帝となる人であり、たとえその職が名目的にすぎなかったにもせよ、功業を立てて凱旋《がいせん》すると、にわかにその名声が高まり、長兄の皇太子楊勇と勢力を争うようになったことである。

そのうえ悪いことには、家庭における文帝は恐妻家であり、権力ある皇后は愛憎の念が強く、同腹の子でありながら皇太子を嫌い、次子楊広を偏愛した。ついに楊広は母皇后の庇護の下に、朝廷の大臣楊素と結託し、父文帝に讒言《ざんげん》して皇太子を廃し、自分がその後釜に坐ることに成功した（六〇〇年）。その二年後に皇后が死に、更に二年後に文帝が死んで、新太子の即位したのがすなわち煬帝である。

文帝の簒奪に無理があったうえに、煬帝の即位にまた無理があったので、新天子の地位は初めから不安であり、したがって父よりもいっそう猜疑心を深くせねばならなかった。彼は父が死ぬと直ちに使者をやって廃太子を殺したのちに喪を発してから、自ら即位した。これを知って末弟の楊諒《りょう》が長城線の基地で兵を挙げて叛《はん》したが、まもなく討平された。

初めから評判の悪い天子は、いつも人目につく事業を企画し、その方面に人心を吸引する必要があった。煬帝がまず実行したのは大運河の開鑿《かいさく》である。いったい中国の河川はだいたい東西に並行して流れているから、東西には舟運の便があるが、南北の交通はかえって河川のために妨害を受ける。ところが実際に必要なのは、気候の違う南北の間の交易なのである。煬帝は即位の翌年から着手し、数年を費やして、北方から白《はく》河、黄《こう》河、淮《わい》水、揚子《ようす》江、銭塘《せんとう》江とある五大河川を、永済《えいせい》渠《きょ》、通済渠、邗溝《かんこう》、江南河の四段の運河を開鑿して連絡した。これによって白河の水は理論上は揚子江の本支流の水と接続するに至ったのである。もちろん各河川の水量が異るので、北から南に下るには、何度か船を乗り換えなければならない。それにしても南北の交通はこれによって著しく促進されたことは言うまでもない。

煬帝はまた四方に向って積極的外交政策を展開した。当時敦煌《とんこう》回廊を南方から脅かしていた遊牧国家吐谷渾《とよくこん》を親征して打撃を与え、帰途涼州において西域二十国余の君長、使者を引見し、更に東都洛陽《らくよう》において国際大見本市を開いて、西域の商人を召集した。南方ではベトナム南部にあった林邑《りんゆう》国を征して朝貢国とし、スマトラ島にあった赤土《せきど》国に特使を派遣しその王子を朝覲《ちょうきん》させた。

東に向っては琉球《りゅうきゅう》国を征したが、これは沖縄ではなく、台湾か、あるいはもっと南方の国であろう。日本もまた、おそらく隋の招きに応じて、小野妹子《おののいもこ》を派遣して煬帝に謁見させた（六〇七年）。このときの国書に、「日出《い》づる処《ところ》の天子、日没する処の天子に書を致す」とあったのが、彼の地において物議を醸した。

北方では煬帝は長城を修復し、自らその地に巡幸して、ゴビ砂漠周辺に雄視する突厥《とっくつ》の君長、啓民可汗を召して臣礼をとらせた。しかし突厥の東に位する高句麗《こうくり》は、煬帝がしきりに国王へ朝覲を要求してもついに屈服しなかった。この国は都を平壌《へいじょう》に置き、東は朝鮮半島の大部分、西は遼《りょう》河の平野までを占領して国力強盛であった。たんにその国王が朝覲せぬだけでは戦争の理由にならぬのだが、煬帝は軍部の恩賞目あての強硬論に動かされて大規模な遠征軍を出したものの、それが惨憺《さんたん》たる敗北に終った（六一二年）。こうなるとことは皇帝の威信に関するので、第二回の遠征軍を起したが、人もあろうに故大臣の子楊玄感が軍中で謀反を起したので、遠征軍は総退却、いよいよ天子の面目は丸潰《つぶ》れである。重ねて三回目の軍を起したが、戦況思わしくなく、たんに名目上の降服を勝ちとって引き上げた。

三回の高句麗戦争の失敗を機に、これまで土木工事や外征に疲弊した人民は方々で反乱を起した。しかも都にある譜代の軍隊のなかにすら不穏の企てがある。窮地に立った煬帝は新たに近衛《このえ》軍を編成し、大運河を伝わって逃避し、江都（現、揚州）の離宮に留まって形勢を看望した。そのうちに反乱はますます拡大し、武川鎮軍閥の名家の出である李淵《りえん》は煬帝の孫楊侑《ゆう》を擁立して帝位に即かせた（六一七年）。望郷の念に駆られた近衛軍は兵変を起し、煬帝一家を殺害し（六一八年）、北還の途についた。一方李淵は己が立てた隋帝を廃して、自ら皇帝の位に即いたが、これが唐の高祖である。

〔**参考書**〕宮崎市定『隋の煬帝』（『中国人物叢書』四、一九六五年、人物往来社）、布目潮渢『隋の煬帝と唐の太宗――暴君と明君、その虚実を探る――』（一九七五年、清水書院）の二書は、いずれも従来無批判に暴虐の君主とされていた煬帝について、史料を批判しながら、当時の実相を究明しようと努めている。

清の康熙帝

康《こう》熙《き》帝（一六五四―一七二二）の側近に仕えた耶蘇会士、ルイ・ルコント（李明）は北京滞在約五年の後に帰国し、『最新支那事情』Nouveaux Mémoires sur l'Etat Présent de la Chine をパリで出版したが、この肖像はその口絵で帝の三十二歳の時に写生したものだという。

著者の説明によれば康熙帝は、身長はさまで高くなく、稍々肥満体であるが、見苦しい程ではなく、顔は平らであばたがあり、額が広く、目と鼻は中国流に小さく、口もとが愛らしく、顔の下半分に魅力がある、と記す。但しこれはフランス人の立場からの観察であるから、我々と比べたならば何程も違っておらず、先ずは東洋人の標準型と言うべきであろう。むしろ我々の受ける印象は、その肉体の筋骨の逞しさがそのまま顔にも出ているといった感じで、何かボクサーかレスラーかを連想させる点にある。それもその筈、康熙帝はその祖先の素朴な満洲民族の気質をそのまま濃厚に受け継いで、武芸の達人でもある。五人力の剛弓に、二倍長さの矢をつがえ、馬上から獲物を射て百発百中の手並みであったといわれる。

一六六一年、八歳で即位した帝は、この肖像のかかれた三十二歳までの間に、三藩の乱を平定し、台湾の鄭氏政権を亡して中国本部を完全に掌握した。これが第一段階の事業で、それ以後は第二段階に入り、ネルチンスク条約を結んでロシアの南下を抑え、外蒙古を援助して天山北路の新興勢力、ズンガル部長ガルタンを撃破し、西蔵を保護下において、大清帝国の外形が略々形成され、ここに清朝はその最盛時を迎えることになる。

但しこれは別に天子独りの功績ではない。時は恰も満洲民族の興隆期に当り、強固な民族的統一があった。次に西洋人の優れた技術の利用があった。ガルタンを破ったのは耶蘇会士に鋳造させた大砲の威力によった。台湾に進攻する時はオランダ海軍の援助があった。帝がマラリアに冒された時、危険な症状を救ったのは宣教師の勧めたキナ剤であった。更に帝の外征内治を容易ならしめたのは中国の豊富な資源と経済力があったからである。以上の三者の結合が康熙帝を支配者として成功させた条件である。

併し支配者として名君と謳われた康熙帝も家庭人としては寧ろ失格者であった。早熟な帝は十四歳の時に早くも庶長子を羸《もう》け、以後通算して男子だけでも三十五人の子があった。生んだことは生んだが、その取締りが出来なかったのである。父になるのはこれほどらくなことはないが、父であることは至ってむつかしいという西洋の諺の通りであった。

帝が二十一歳の時に生れた嫡出子を、誕生がすぎるのを待ち、早まって皇太子に立て、過保護を加えたのが間違いの原であった。長ずるに従って皇太子は、その側近のおだてに乗せられ、箸にも棒にもかからぬ不徳な悪少に変って行った。他の皇子たちの中には、これを見て代りに太子になろうと策動する者も現われる。朝廷の大臣の中にも競馬にかけるつもりで皇子に近付きたがる不心得者が出る。

康熙帝は皇太子を懲らしめるつもりで、一度廃位を断行した。やがて反省の情が認められたので、もうよいかと思って復位させたところ、太子の悪業は実は少しも改まっていなかった。早く天子の位に即きたいと、父帝の命をつけねらうまでになったという。帝は已むなく最後的な廃位を決行したが、胸中の懊悩は六十九歳で亡くなるまで続き、身心の健康をむしばんだ。帝の事業が内部から崩壊するのを免れたのは、次代の雍正帝の施策が宜しきを得た為であった。

清の雍正帝

雍正帝《ようせい》（一六七八―一七三五）は、中国清朝建国から五代目、中国統一から三代目の君主（在位一七二二―三五）。幾多の政治改革を行い、清朝の中国支配を確固不動のものたらしめた。中国は宋のころから君主独裁政治が始まり、以後独特の発達を遂げ、明の太祖洪武帝（在位一三六八―九八）、成祖永楽帝（在位一四〇二―二四）を経て清朝の雍正帝に至ってその絶頂に達した観がある。

雍正帝は、姓は愛新覚羅《あいしんかくら》、名は胤禛《いんしん》、廟《びょう》号は世《せい》宗、諡《し》号は略して憲皇帝という。即位の翌年に雍正と改元して十三年間この年号を用いたので、雍正帝とよばれる。

清の康熙帝には三十五人の男の子があったが、嫡出の第二子が廃太子允礽《いんし》であり、第四子がすなわち雍正帝である。康熙帝は在位六十一年（一六六一―一七二二）にわたり、内治外征に大きな功績をあげたが、家庭内の不和に悩まされ続けた。それは皇子らが朝廷の大臣らと結んで天子の位を狙《ねら》い、互いに排撃しあったからである。第二子は自らの不徳の致すところでもあるが、党派争いの犠牲となり、二度皇太子に立てられて二度廃位された。このことがあってのち、康熙帝は立太子を断念し、史上に最長を記録した在位ののちに没し、遺命によって雍正帝が即位したのである。ときに年すでに四十五歳であった。

長い部屋住の間、つぶさに政治、社会の弊害を観察してきた雍正帝はその改革に当るべく決心した。まず着手したのは朝廷における派閥の解消であり、これがために兄弟の皇子たちのうち、新政に不満を抱くものの族籍を剝奪《はくだつ》して監禁することを辞さなかった。更に大臣のなかの最有力者、満州出身の隆科多《ルンコド》、中国人出身の年羹堯《こうぎょう》の罪状を列挙して粛清を行った。このような朋党《ほうとう》の弊害は実は先代康熙帝の六十年余の長い治世の間に、その寛大な政治によって自然に醸成されたものであり、特に科挙の制度が官僚の私的結合を助長する場として利用された。そこで雍正帝は科挙出身者が栄職を独占することを許さず、出身に関係なく才能ある人物を登用するよう心掛け、捐《えん》納《のう》すなわち買官制度による出身者をも、成績を挙げさえすれば重用して憚《はばか》らなかった。

むかし宋代の欧陽脩《おうようしゅう》が『朋党論』を著して、党を立てるのは君子であってはじめてできることで、小人は党を結ぶことができぬ、と唱えたことに反対し、『御製朋党論』を著し、欧陽脩の言は邪説であると退け、官僚はいかなる場合にも朋党をつくってはならぬと諭した。

このころ中国の官僚機構は、すでに二千年近い長い歴史を背景として、形式的に流れて、実効を挙げにくくなっていた。天子を輔佐《ほさ》する内閣も、いたずらに人員が多く、事務が繁雑となって、応変の処置が取れなかった。そこで雍正帝はこれと併行して軍機処を設け、大臣数名の下に書記官たる章京《しょうけい》を置き、急を要する事件は軍機処からただちに天子の許《もと》に到達し、天子の命令も軍機処からただちに担当者の許へ伝達されることにした。これ以来、内閣大学士は閑職となり、代って軍機処大臣が真の宰相となり、政務が敏活に処理されるようになった。

地方政治の改善についても彼は情熱を傾けてこれと取り組んだ。九重の奥深く鎮座する天子にとって、なによりも困るのは地方の実状が把握できないことであった。しかも官僚機構が整備していればいるほど、現地の報告が数多くの官僚の手を経る間に変更を加えられて、生のままで天子の手には入りにくいのである。そこで雍正帝は官僚機構による報告書の外に、官僚個人と天子個人とが直接に文通して、修飾されない情報を入手しようとした。

彼は、省の大官である総督、巡撫《じゅんぶ》、その下の布政使、按察使《あんさつ》、提督、その下の道、知府などに対し、公用文書のほかに、天子に向けて秘密の親展状、奏摺《そうしょう》を送り、そのなかで地方の実情、経済情勢、物価、天候、官吏の評判、治安の良否などを細大漏らさず報告することを命じた。この文書は上級官庁を経由することなく、特使が持参し、宮門の宦官《かんがん》によって天子の手許に届けられる。天子はいちいちこれを披閲《ひえつ》し、朱筆を用いて行間に感想、訓戒の言葉を書きこみ、あるいは余白に返書を認める。これがいわゆる『硃批《しゅひ》諭旨』、朱をもって書かれた勅諭である。この文書は再び発信人に送り返され、発信人は天子の硃批を奉読すると、そのまま更に天子へ送り届ける。この私信文書の往還によって、天子は居ながらにして地方の活きた実態に触れることができ、あるいは官僚の朋党や、事実隠蔽《いんぺい》の弊害をつきとめることもあった。この硃批諭旨文書は雍正の末から、次の乾隆《けんりゅう》の初めにかけて、おもなものを選んで印行し、百十二厚冊に上ったが、未発表のものは更に多く、現今は台湾に運ばれて整理されつつある。

この文書集は現今から見て、史料としての価値がきわめて高い。まず官僚が墨で書いた報告書、奏摺の部分は、明察な雍正帝に宛《あ》てた親展状であるから、努めて真相をそのままに記載したに相違なく、もし虚飾を加えても、他人の報告と比較されると、ただちにそれが暴露してしまうのである。実際に雍正帝は官僚に誑《たぶら》かされまいと用心して読んでおり、虚偽らしい報告に対して厳しい叱責を加えている。だから今日の読者はこの文書集によって、原《もと》の報告と併せて雍正帝の与えた評価をも読むことができる。十八世紀前半という時代に、これだけ密度の高い、また正確度抜群の史料が、こんなに多く残っていることは、まことに奇跡だと言ってもよい。こういう観点から見ても、雍正時代史の研究がさかんになる理由があるのである。

雍正帝の治世十四年は、これを歴代の皇帝に比べて、特に短いということはないが、これを父康熙帝の六十二年、子乾隆帝の六十一年に比べると、ずっと短い。しかし清朝史の上でこの時代の存在の意義ははなはだ重要であって、それは清朝の基盤をなす満州民族の中国化の程度と関連する。ごく大まかに言えば、雍正朝以前の満州人はまだ中国化の進まぬ素朴な戦士であり、雍正朝以後の満州人はすっかり中国化してしまった文明人となった。戦士と文明人とは互いに一長一短あるが、雍正朝の満州人はまさにその中間にあり、両者の気質を併せ有していた。雍正帝自身、およびその信任の厚かった大臣鄂爾泰《オルタイ》が、あたかもそういう人物であった。雍正帝はちょうど意気盛んな、素直な満州人を背景として、思うままに皇帝の独裁権力を行使することができた。

皇帝独裁政治は中国で宋以後に発達した特殊な政体であって、これは古代の専制君主とは性質を異にする。むしろ君主政治としては最高の理想とも言うべきもので、中国においてはおそらく雍正帝において最もよく具現されたと見られる。清朝の政治は歴代に比して勝っているが、なかでも雍正時代が良かったと言える。そして雍正帝が考案したもろもろの施策で、前述したほかにも、後世に踏襲されて、それが清朝政治の特色をなすものと考えられるものがある。

たとえば雍正帝は官吏の俸給が非常に低くて、これでは廉潔を求めることができぬと気づき、養廉銀という名で増給を行った。従来とても官吏は、民間から勝手に賄賂的な礼物や付加税を陋規《ろうき》という名で取って、低所得の埋め合わせをしていたので、雍正帝はこれを合理化し、常識的な付加税を公然と取り立て、それを公平に官吏に分配する制度を造らせたのであった。

雍正帝はまた父康熙帝が立太子で失敗したのに鑑《かんが》み、自分は皇太子を立てなかった。青年の身が皇太子に立てられると、先物買いを目ざす官僚が甘言をもって取り入り、人間を駄目にしてしまうからである。だが万一、天子が後嗣を指名する間がなくて死んだときには、大臣らは宮中の正大光明殿の額の裏に匿《かく》された小箱を開いて見ればよい。そこには天子が意中に決めた皇子の名が書いてある、というのである。これを「太子密建の法」という。

外国関係では雍正年間にチベットに出兵して、そこに勢力のあったジュンガル（準噶爾）部の党を破り、この地を平定して属領とし、駐蔵大臣を置いてダライ・ラマ（達頼喇嘛）の政治を監視させた。しかし天山南北路にまたがる準噶爾部の征服は、次代の乾隆帝を待たねばならなかった。

康熙帝はキリスト教宣教師に対しても寛大で、その布教を認めて利用する策を取ったが、雍正帝はこれを外夷《がいい》の邪教で中国の伝統に反するものとして弾圧を加えた。これまで中国人の攘夷思想は征服者たる満州人に向けられるものであったが、ここにおいて雍正帝はその矛先をそらして西洋人に向けさせるのに成功したのであった。このような点にも雍正時代が大きな歴史の転換期に当っていることが看取されるであろう。

〔参考書〕　宮崎市定『雍正帝』（一九五〇年、岩波新書、『宮崎市定アジア史論考』下巻所収、一九七六年）。雑誌『東洋史研究』の第十五巻第四号、第十六巻第四号、第十八巻第三号、第二十二巻第三号（それぞれ一九五七、五八、五九、六三年発行、東洋史研究会）の四冊は「雍正時代史研究」の特集号であり、諸家の専門的な研究を収めている。従来は康熙と乾隆の間にはさまれてほとんど重きをおかれなかった雍正時代に、独特の存在価値を発見したところにこれらの研究の意義がある。

Ⅱ　乱世の宰相

李斯

李斯《りし》（?―前二〇八）は、秦《しん》の始皇帝に仕えて、その天下統一の事業を助け、中国に初めての大帝国の統治方式を定め、官僚制度を樹立するに功のあった宰相。始皇帝の死後、宦官趙高に陥れられて殺された。

秦の始皇帝に用いられて丞相《じょうしょう》となり、その天下統一の事業を助けた李斯の、伝記としてまとまった資料は、『史記』巻八七「李斯列伝」がほとんど唯一のものである。いまこれによってその大略を紹介するが、その原文は読んできわめて面白く、起承転結を具えた一編の劇になっている。

李斯は紀元前三世紀前半に、当時楚《そ》の領土であった河南省の上蔡《じょうさい》に生れた。地方官衙《かんが》の小役人になったとき、倉庫のなかに住む鼠《ねずみ》がまるまると肥《ふと》って人が近づいても逃げず、一方、下水に住む溝鼠《どぶ》はたえず人や犬に驚き痩せこけているのを見て、人も環境を選んで暮さねばならぬと感じ、まず荀子《じゅんし》について帝王の学を学んだ。学成ったところで、楚を去り、秦に入り、宰相呂不韋《りょふい》を頼って官界に遊泳しだし、順調に官位が進んだおり、呂不韋が免職され、秦の政府が方針を変えて、いっさいの外国出身官吏を追放する「逐客令《ちくかく》」を発布するということが起った。李斯はこれに抗して『逐客論』を著し、始皇帝に「逐客令」が失策であることを説き、始皇帝はこの意見を聴いて、前令を取り消したうえ、かえって李斯を重用するようになった。ときに秦はもっぱら韓《かん》を攻めたので、韓は李斯の先輩、韓非《かんぴ》を秦に送りこんで、その鋒先《ほこさき》を避けようとした。李斯は韓非が自己の地位を危うくするのを恐れ、計を用いてこれを陥れ自殺させた。以上が第一段で、出世欲にとりつかれた青年李斯が志を立てて秦に仕え、どんな障害をも排除し、いかなる手段をも辞せず、ひたすら自己の地位向上に邁進《まいしん》する姿を描く。

このころ秦の国勢が隆々として栄えるとともに、李斯の前途もまた洋々として開けてきた。李斯は始皇帝の参謀として、敵国の君臣を離間し、内訌《ないこう》を起させては、これに乗じてその国を滅ぼした。韓よりはじめ、趙《ちょう》、魏《ぎ》、楚、燕《えん》、斉《せい》の六国が次々に滅び、古代ペルシアやローマ帝国にも比すべき、中国史上最初の大統一古代帝国が実現した（前二二一年）。李斯は丞相に任ぜられ、始皇帝を助けて、大帝国の統治に参与した。その方針は政治権力をすべて皇帝に集中し、地方に郡県制を布《し》き、法律を定め、文字、度量衡を統一し、思想を統制し、さらに外国に対しても領土拡張を計るにあった。李斯は貴幸並ぶものなく、その男女の子はみな帝室と通婚した。以上が第二段で、李斯の幸運を描くとともに、最後のところでは、得意の絶頂にあることは永続するものでないという、李斯内心の不安の告白によって、次に訪れる転機を導きだす。

運命の逆転は始皇帝の死（前二一〇年）によってもたらされる。始皇帝はその最後の地方巡幸の際に、丞相李斯、宦官《かんがん》趙高らのほかに、二十人余あった王子のうち少子の胡亥《こがい》だけを伴って出かけたが、帰路について河北に入ったところで病死した。死の直前に彼は北方の国境で将軍蒙恬《もうてん》の軍を監督していた長子扶蘇《ふそ》にあてて遺書を認《したた》め、急ぎ都に返って父の喪を迎えることを命じた。もし李斯がこの天子の命令をそのまま執行すれば何事もなかったのであるが、そこへ恐るべき悪魔の囁《ささや》きがあって、これは趙高を通して発せられたのである。この趙高はもと蒙氏に恨みを抱くものであり、もし扶蘇が位につき、蒙恬が重く用いられると、自己の地位が危うくなることを恐れ、自分と親しい胡亥を擁立しようと陰謀をめぐらした。幸いに始皇帝の遺書が自己の手許にあるので、その発送を見合せ、李斯と計って始皇帝の死を秘したままで都に帰ることとし、その間に着々と謀《はかりごと》を進めた。

趙高はまず始皇帝の遺書を胡亥に示し、このまま放置すれば扶蘇が即位して、胡亥に不利となることを説き、陰謀に加担する決心をさせた。次に李斯に説いて、もし扶蘇が即位すれば蒙氏が用いられて、李斯は追放されるであろうと脅し、これを仲間に引き入れた。三人は共謀して始皇帝の詔を偽作して胡亥を立てて皇太子とし、帝位後継者と定める一方、別に偽詔を作って扶蘇と蒙恬とに与え、その罪を責めて自殺を賜わった。両人は抵抗せず、扶蘇は自殺し、蒙恬は兵を解いて獄に下った。陰謀はみごとに成就し、胡亥は都に帰ると、始皇帝の喪を発し、自ら皇帝の位についた。以上が第三段で、これまであまりにも順調に官界を遊泳して位人臣を極めた李斯は、いつの間にか優柔不断な俗物となり、趙高に利をもって誘われると、朝廷の大臣たる節を失い、悪魔の擒《とりこ》となって堕落したありさまを述べる。

陰謀が成功して、やれやれと思ったのもつかの間で、これから李斯の運命は急転直下の勢いで、奈落《ならく》の底に吸いこまれる。これはひとたび悪魔の声に耳を傾けたものの当然たどるべき必至の帰結である。二世皇帝胡亥の世となってから、李斯の死命は全く趙高の手に握られてしまった。趙高が二世に勧めて、法律を厳しくして人民を取り締まる一方、宮中では奢侈逸楽《しゃし》を 恣《ほしいまま》にさせ、地方には人民の反乱がしだいに拡《ひろ》まりつつある状態を目撃しながらも、李斯は大臣の立場にあってこれを諫《いさ》めようともせず、かえって趙高に追随して、二世に対し阿諛《あゆ》追従の言葉をならべて機嫌をとる体たらくであった。しかしさすがに長年宰相を勤めてきた李斯の存在は、趙高にとって目の上の瘤《こぶ》である。もしクーデターが起るような場合、そんな実力のあるものは李斯だけである。地方の反乱軍がしだいに勢いを増し、李斯の子の李由《ゆう》が郡守でありながらこれを防ぐことができなかったのを理由とし、趙高は李斯の追放を企てた。

これに対しては李斯も抵抗せざるをえず、二世に上書して趙高の罪を弾劾したが、趙高は二世を深く宮中に閉じこめて悦楽に耽《ふけ》らせ、外部との交通を遮断して、李斯の上書や謁見すらも思うに任せない。李斯の努力はいたずらに食い違って二世の不興を買うばかりである。二世の寵《ちょう》を失った李斯は獄に下され、子の由とともに叛を謀った罪名のもとに、趙高の尋問を受け、拷問を加えられる。年老いた李斯は苦痛に耐えることができず、趙高が作った自白書に署名して、謀反の罪を認めた。趙高がこの白状書を二世に見せると、二世は危ないところを助かった、と言って喜んだ。李斯は咸陽《かんよう》の市に引き出されて胴斬《どうぎ》りにされ、一族は皆殺しにあった（前二〇八年）。処刑の前に李斯はその中子に向って、「お前といっしょに故郷に帰って、郊外で犬に兎《うさぎ》を追わせようと思っても、もうできないな」と言って泣いた。この記述は彼が鼠を見て志をたてた発端の文と巧みな対応をなして全体を締めくくっている。以上が第四段であるが、さらにエピローグが続く。それは二世と趙高との、いずれ劣らぬ悲惨な末路である。

地方に起った反乱軍の盟主項羽は、秦の主力軍を撃破して威名をたて、雲霞《うんか》のごとき大軍を率いて秦の国境に迫り、一方別動隊の劉邦《りゅうほう》も間道から秦の都を窺《うかが》った。このような危機に面して趙高は、二世が暗愚ながらも、趙高の専権に気付いたのを知り、宮中に二世を攻め殺し、その甥《おい》の子嬰《しえい》を擁立して即位させたが、皇帝の称号を避けて秦王と称させた。子嬰はひそかにその子二人と計り、趙高を招いてこれを刺殺し、その一族を皆殺しにした。しかしまもなく劉邦の軍が秦に入り、子嬰はこれに降伏して、秦王朝は滅びた（前二〇六年）。

以上が『史記』の「李斯列伝」の大要であるが、その叙述はまことに文学的で一編の戯曲を読むような感じがする。もちろんある事件の推移を起承転結の四段に分解して理解しようとするのは、古来中国に行われたリズムの形式に沿ったものであり、李斯の生涯がまたはじめからその応用に適していたことは事実である。同時に『史記』の叙述においては、その本来のリズムのうえにさらに有効なアクセントが付せられていることを認めなければならない。そしてこのアクセントの部分は、別に確実な史料に拠ったものでなく、漢初に、おそらく都の市において、講釈師や漫才によって語り継がれる間に創作され、洗練され、最後に司馬遷《しばせん》の手によってまとめられたものであろう。伝中に見える李斯の上書の類も、ことごとくは信ずべからざるものである。しかしそれらを除いても、李斯の大体の事跡は『史記』の記載によって窺うことができる。

〔**参考書**〕『史記』巻八七「李斯列伝」をこの項を参考にしながら読めば詳しいことが知られる。『史記』は数種の日本訳があって入手しやすい。「李斯列伝」を取り上げた研究には宮崎市定『史記李斯列伝を読む』（『東洋史研究』第三五巻四号、一九七七年三月）がある。

馮道と汪兆銘

歴史上に評判の悪い人物の数は多いが、それには色々のタイプがある。中国では五代の宰相馮道《ふうどう》がその一つのタイプを示し、古来無節操、恥知らず者流の代表のように言われる。だが果してそんなに簡単に片づけてよいものかどうか。

馮道が生れたのは唐末、僖宗の中和二年（八八二）という年で、劇賊の黄巣が都の長安を占領していた時である。但し、馮道は今の北京に近い瀛《えい》州の人だから、内乱の中心からは遠く離れていたので、直接戦火を浴びることは免れて、初等教育もどうやら受けることができた。彼の二十六歳の時に唐が亡びて後梁の世となったが、さてこれからが大変だ。後梁は開封を都として正統王朝とは名乗るものの、天下は四分五裂して、馮道の近くにも軍閥劉守光なる者が今の北京で独立して燕帝と称した。馮道は燕帝に仕えたが、意見が合わないで投獄され、燕帝が山西の大軍閥、晋の李存勗《りそんきょく》に亡ぼされると、晋王に仕えた。当時、晋は黄河を挟んで後梁と対峙し、食うか食われるかの死闘を続けること連年、晋の諸将は勝手に人民を掠奪して奴隷にし、時には文官の馮道にも分捕った婦女を贈り物にする者があったが、馮道は黙ってそれを受け、保護を加えて親の許へ送り帰してやった。最後に晋が後梁を仆して華北を平定し、これが正統第二代の後唐であるが、馮道はそれにつれて中央へ出て、やがて宰相に任ぜられた。ついで後晋が契丹の援助によって、後唐を亡ぼしてこれに代ると馮道はその宰相になり、今度は契丹が侵入して後晋を亡ぼし、都の開封に居据わると、その契丹の太宗に仕え、契丹が引上げたあと、後漢王朝が成立すると、またその宰相になった。その後に後周が後漢に代ると、後周太祖の大臣となり、次代世宗の初年に世を去った。享年七十三（九五四年）。史に彼を評して四朝十君に仕え、相位にあること二十余年というが、もしこれに契丹の世を加えると五朝になり、更に燕を算えると六世十二君に仕えたことになる。

そこで次の宋代に入って、独裁君主権の確立した大一統の世になると、史家はこの馮道の官界遊泳ぶりに慊《あきた》らず、新五代史はこれを廉恥なき者だといい、旧五代史も、これを不忠だと貶しているのは謂われなきことではない。併しながら宋代のように君臣の分が定まった時代から顧みて、五代のような乱世を同じ筆法で批評するのは妥当でない。われわれは馮道自身の弁解をも聞いてやらねばならぬ。何となれば、馮道は自ら、「国に忠」だと言っているからである。そもそもここに言う「国に忠」とは、一体どういう意味なのであろうか。

思うに、中国における君臣観念は長い歴史の試練を経て、日本人が漫然と考える以上に進化し複雑化してきている。そもそも中国における天子なる者はつきつめて言えば、人民に奉仕する者でなければならない。臣下とはこの天子に奉仕する者だが、天子に奉仕する目的は結局人民に奉仕するにある。そこでもし当時の天子が人民に奉仕することができなければ、臣下は天子を抜きにして直接人民に奉仕することも許されなければならない。馮道が、君に忠なりと言わず、君を抜きにして「国に忠」と言った意味は、どうやらこの点にあるらしい。

実際に五代のような乱世で、一人一人の君主個人に対して一蓮託生の運命を共にする気ならば、命が幾つあっても足りない。こういう世の中では単数の君主よりも複数の人民の方が大事だ。その点では馮道は人民のためによく尽した。君主が後唐の明宗のような明君ならば、彼は聶夷中《しょういちゅう》の「田家を傷《いた》む詩」を献じて農民の辛苦を知らし

めようと努めた。その詩に言う、

二月売新糸　二月にはまだ出来ぬ生糸をかたに金をかり
五月糶秋穀　五月には秋とれる穀物を先売りする
医得眼下瘡　目前の瘡《かさ》の痛みはとれたが
剜卻心頭肉　代りに心臓の肉を剜《えぐ》ることになる
我願君王心　我れ願わくは君王の心
化作光明燭　化して光明の燭となりて
不照綺羅筵　綺羅びやかな酒宴の座を照らさず
偏照逃亡屋　農民の逃亡したあとの空屋を照らし恵みたまえ

後晋の代、異民族の契丹が侵入してきた時は、単なる内乱と違って凄惨な民族闘争の地獄図が繰りひろげられた。契丹軍の乱暴に対して、中国人民はゲリラ戦を展開し、更に契丹軍は懲罰的な殺戮を繰返した。馮道はたまりかねて、河南の奥から都へ出てきて契丹の太宗に謁した。

「このような時には、たとえ仏陀が再来しても百姓を救うことはできません。百姓を救済することのできるのは、皇帝陛下、あなた一人だ。どうか百姓を殺さないで下さい」

と言って頼みこんだ。契丹が中国人を皆殺しにしなかったのは、この馮道の取りなしが効いたからだと称せられた。

しかし、最後に馮道はへまなことをやった。後周の明君世宗の即位の始め、山西の軍閥劉崇が大挙侵入してきた。世宗は親征してこれを邀撃に向おうとしたところ、馮道は珍しく強硬な態度で諫止しようとした。しかし、世宗は諫めを振切って出征したが、見事敵軍を撃破して意気揚々と凱旋した。実は世宗の頃から、旧式の軍閥は淘汰されて、新式の軍閥が勃興しつつあった。馮道はこの覇気のある青年天子を愛するあまり、怪我をさせまいと思って諫めたのだったが、この世宗こそ新時代を荷う新勢力の代表者であったことを見抜けなかったのだった。馮道はその年、既に過去に取残された人物となって世を去ったのである。

私はたまたま馮道伝をよんで、汪兆銘のことを思い出した。汪兆銘は日本占領下の南京に国民政府を樹立したために、過去五十余年間の輝かしい革命運動者としての経歴を台無しにしたと称せられる。現在は中共からはもとより、台湾からも裏切者として葬られ、日本人からも忘れ去られている。しかし、彼のおかれた境遇を考えるなら、何人が彼につぶてを投げることができるだろうか。

日本軍が進出し、国府軍が退却に退却を重ねるとき、中国の人民全体を引連れて逃げることなどは、もとより出来ない相談だ。ところで必然的に日本軍の支配下に入らざるを得ぬ中国人民があとへ取残された時、誰が一体彼等の権利を多少なりとも代弁してやることが出来るだろうか。この際、「仏にも出来ない衆生済度」を日本軍に頼みに出る馮道となるには、中国人にも信頼され、日本に向っても顔の利く人でなければ駄目だ。広く見渡したところ、それはやはり汪兆銘でなければ出来そうにない役目であったのだ。

それにしても、日本敗戦後の蔣介石のやり方はまずかった。日本の旧悪を咎めないという声明は、実に堂々たるものであった。それに引きかえ、南京政府の協力者たる中国人に対する陰惨な迫害はいったいどうしたことだろう。これでは自ら戦勝者たる栄光を棄て去ったも同然である。中共の成功の裏には、汪政権加担者が逃亡覆面して先導となり、国府支配を顚覆するに力あった事実のあることを見逃してはなるまい。そして、この結果はまた成功後の中共政権から、国民党的自由思想の擡頭に対する強い警戒心となって残り、それが現今に尾を引いているらしいのである。

近衛公にゆかりのある本誌（『東亜時論』）に、このような説を載せるのは、気の引けることである。しかし、私は別に近衛宰相を汪兆銘と一しょにあげつらうつもりは毛頭なかった。それとこれとは全く別なことで、ただ私が前から考えていたことをありのままに述べてみたまでである。それにしても、私は中国の歴史を読む毎に、北宋時代の史家は甚だ公平であることを感ずる。旧五代史も新五代史も、ずいぶん馮道の悪口を言いながらも、一面その長所を記録に残すことを忘れない。われわれはこれによって、割合に正しい馮道なる人物のイメージを構成することができる。宋代史家はこの点で当今の一辺倒史家よりもずっとすぐれているのではないかと思うのである。

南宋末の宰相賈似道

一

南宋時代の末《すえ》つ方《かた》、湖州徳清県に黄氏、胡氏という二人の、貧乏な併し美しい娘があった。黄氏は李仁本という大家へ奉公に上ったが、その主人の娘が時の天子理宗皇帝の弟、栄王与芮《よぜい》方に嫁ぐことになったので、其儘お伴となって栄王邸に入った。所が栄王夫人にはついに子供が出来なかったのに、この下婢が反って運よく男の子を生んだ。後に理宗皇帝崩じて皇子がなかったので、甥に当るこの子が位を嗣いで天子となった。これ度《たく》宗皇帝である。黄氏は天子の生母だというので、隆国夫人に封ぜられた。片や、胡氏の方は万安県の丞の賈渉《かしょう》の妾となった。賈渉の嫡妻は非常に嫉妬深かったため、胡氏は男の児一人を生み落すと間もなく追い出されて了った。[1]この子の名は似道《じどう》、字は師憲と言い、一人の姉があったが、姉の方も果して嫡妻の腹であったかどうかは分らない。兎も角その後、賈氏一家には非常な好運が向いて来て、父賈渉は淮東制置使に迄なって、北境の兵権を握り、姉賈氏は天子理宗の後宮に入り、皇后になることには失敗したが、恩寵を専にして一人の女、周漢国公主を生んだ。理宗には外に子供がなかったので、掌中の珠と愛で慈しんだから、その生母賈氏のおん覚えもいよいよめでたかったに違いない。(2) 弟の賈似道は父が残した有形無形の遺産と、姉の搦め手からの運動によって、次第に重用され、後に太師平章軍国重事に任ぜられて、南宋の国運をその掌上に廻らすという迄になった。所で賈似道が斯うして立身する間、生母胡氏は見る影もなく零落していたが、幸に母子再会して、子似道が顕貴なるの故を以て、斉国夫人に封ぜられた。先の隆国夫人黄氏とは同郷の誼で、屢々禁中に迎えられ、寝処を同うして昔語りの懐旧に耽ったという。――話がこれ丈ならば、今古奇観の一節の下手な紹介かと間違えられるかも知れぬが、本当の歴史は此処で芽出度し芽出度しにしては了われない。寧ろこれが話の発端に過ぎないのであるが、読者諸君には、南宋の社会なるものは、斯ういう種類の婦系家族が繁栄し得る、よく言えば太平無事な悪く言えば情実万能の社会であったことを心に銘記してから先を読んで貰いたい。

二

賈似道が生れたのは、寧宗の嘉定六年（一二一三）八月八日であった。当時父渉は万安県丞であったが、とんとん拍子に出世して、嘉定十二年には淮東制置使となり、賈似道も恐らく父の任所の楚州に伴われたものらしい。此頃南宋の強敵、金は蒙古に攻められて、又昔日の勢威なく、淮東の前面には流賊李全なるものが金より独立し、蒙古と宋の間に立ち、両勢力を利用して自己の地盤を山東地方に確立せんとしていた。制置使賈渉は又李全を煽動して、金軍を牽制させ、度々金軍と戦って、別に大なる勲功も立てなかったが、又大なる失敗もなく、嘉定十六年、現職中に病死した。時に一子賈似道は年十一歳、父の恩蔭を以て成年に達すると、藉田令なる官を授かり、嘉興の司倉という差遣を与えられた。所がこの頃世上では、父祖の余徳によって官を得たというのでは幅が利かぬ、自力によって進士の肩書を獲た者でないと世人は尊敬しないのである。進士になるには科挙を通るものと、太学を出るものと二途あるが、何れも幾度かの激烈な競争試験を通過しなければならぬ。所が矢張そこには一種の抜道があって、大臣貴戚の子弟は免解と言って、一切の予備試験を免除して貰って、最後の殿試だけを受けることが出来る。殿試は宮中にて、天子自ら試験官になって行うという儀式的な、芝居がかった試験で、此時には落第を出さぬから、免解を得れば進士になったも同然である。恰も賈似道は、姉が容色の優れたる故を以て後宮に入り、天子理宗に寵愛を受け、立后の際には最も有力な候補者の一人であり、后位は、恐らく門地の関係で謝氏に譲ったが、天子の愛は寧ろ賈氏に傾き、皇后より下ること一等の貴妃に立てられた。この姉の懇請によって賈似道は免解の特典を与えられ、嘉熙二年の科挙に際して、他の読書子と共に殿試を受け、無事及第して進士となった。時に年二十六。最早子供でもないのだが、姉の貴妃はこの試験を心配して、試験最中に後宮から湯薬飲食を提供せしめたと言う、試験委員に対する示威運動の意味であったかも知れぬ。(3)

賈似道は、父祖以来相当の地位にあって、家に可也の財産があり、其上に姉の賈貴妃という有力な保護者があるので、万事思うに任せぬことなく、次第に放埒に身を持ち崩し始めた。進士に及第してから、太常丞、軍器監という官に任ぜられたが、実際の職務はなかったらしい。毎日妓家に流連し、夜になると西湖の上に船をのり出して大乱痴気を極めた。天子の理宗がある夜宮中の高台から西湖を眺めると、湖面が非常に明るいので、「また、賈似道の奴めが飲んでいるな」と独語して、翌日聞き訊すと、果してそうであった。臨安府尹、史巌之を呼びつけて、今後を戒飭《かいちょく》するように命じたが、史巌之は退出する際に言った。「なに若い者のすることです。賈似道はなかなかの才物で、今にきっとお役に立ちましょう」

天子輦轂《れんこく》の下、臨安府は大運河と杭州湾の接合点にあって、附近は唐以来有名な米穀の産地、其上に南宋の都となってから、海陸の物資が此に集中するので、生活は安易ではあるし、西に湖山の勝概を控えて、享楽の為にあまり便利に出来すぎている。若い者を此処で無為に遊ばせておくのは面白くないと、天子理宗の考か、姉貴妃の指金か、兎に角賈似道は地方官に任ぜられて都から体よく追い出された。先ず知澧《れい》州を振り出しに、湖広総領財賦に移り、軈《やが》て淳祐六年（一二四六）、名将孟珙が歿すると、その後を受けて京湖制置使の命を拝した。制置とは処置と言うような意味の動詞であって、制置使は唐ならば差詰め節度使に相当するが、節度使程大なる権限は有しない。別に総領財賦という官があって財政を司り、制置使は兵馬を握って国防に当る丈である。南宋の半ば以後には、北方金との国境に通常三制置使を置き、東の方から数えて、淮東（江蘇）、淮西（安徽）、京湖（湖北）、という順になり、四川には宣撫使を置いた。制置使の位の高いものは、制置大使、或は更に安撫使、安撫大使を加えるが、職掌には別に変りがない。賈似道が京湖制置使に任ぜられた翌淳祐七年、姉の賈貴妃がまだ幼い皇女一人を残して病歿したことは、賈似道にとって大打撃であった。併し乍ら彼は嘗て京尹史巌之が予言した如く、非常な才物であり、特に事務的才能に優れて、当時の無能なる学究的地方官の中にあって、断然頭角を擢んでていたらしい。在任四年の後、両淮制置大使に移り、淮東、淮西を兼ね支配し、此頃金に代りて北中国を征服し、漸く南宋に対して圧力を加えつつあった蒙古に備うる為、国境線上の要地、宝応、東海、広陵、渦口、荊山などに、次々に築城工事を施して、防禦線を強化した。之が理宗の意に叶ったと見え、宝祐四年には参知政事、同六年には枢密使の銜《かん》を与えられ、身は外閫《がいこん》にあり乍ら、宛然中央の宰相の待遇であって、威権日に盛に、管内人事の進退に就いては、廟堂の大臣も賈似道の意向を無視して行うことを憚る様な状態であった。(4) 斯くして両淮を鎮すること十年、突如蒙古の大侵入が起って、之に対する防禦の責に任じた賈似道の手腕が天下に認めらるるの機会が来た。

三

南宋と蒙古との関係は、蒙古太宗が金の都開封を攻むる為に、宋の領土を通過して兵を進めんことを要求したる紹定四年（一二三一）に始まる。此時宋は蒙古の要求を拒絶したが、蒙古は之に頓著なく、宋の領土に闖入し河南の南方に現われ、金軍の精鋭を鈞州三峯山に包囲殲滅し、金都開封を脅して引上げた。これ紹定五年の正月より三月迄のことであるが、其年の暮に蒙古は再び宋に使を送り、金を夾攻せんことを提議した。金は都開封を棄てて宋の国境に近き蔡州に落ち延び、同じく宋に使を遣わし、蒙古の信頼するに足らざること、寧ろ金を援けて蒙古の南下を防禦するの得策なることを説き、差当って軍粮を供給せられんことを懇願した。宋の朝廷では大評定の揚句、遠交近攻の常套政策により、蒙古と同盟して瀕死の金を夾撃することに議定り、名将孟珙が兵を率いて北征し、蒙古の将塔察児《タチャール》と協力して蔡州を陥れ、宿敵金を亡すことが出来た（宋端平元年、一二三四年）。

蒙古は宋と陳州蔡州を境と定めて兵を引上げたが、当時の蒙古は猶内外多事で、且つ中国に対してあまり興味を有しなかった時代であるから、黄河以南の新蒙古領は中国の降人に一任して、蒙古兵の駐屯する者は殆んど無かったらしい。之を探知した宋側では無謀にも、兵を河南に進めて故都開封を恢復しようと試み、全子才、趙葵の両将が北征し、始めは無人の境を行くが如く、開封、洛陽を占領したが、忽ち蒙古の塔察児に襲撃され、全軍潰散して逃げ帰った。幸にして蒙古は欧洲遠征を計画して居った最中であり、急に宋に対して大挙復讐には出でなかったものの、華北の駐屯軍を動かして宋の国境を侵掠せしめたので、宋は宿将孟珙を起用して事態を収拾せしめた。孟珙はこの困難なる時局に面して、流石に南宋朝野の期待に背かず、襄陽を収復して第一線の根拠地とし、前後十三年の久しきに亘って、無事前線防衛の大任を果したのであった。而して淳祐六年孟珙の卒するや、賈似道がその後継者に任ぜられたことは前述の通りである。

この間に蒙古は太宗殂して定宗貴由の短き治世を経て、淳祐十一年（一二五一）大汗の位が拖雷《トウルイ》の子孫なる憲宗蒙哥《モンケ》の身に移ると、蒙古の対宋関係に重大な転機が齎された。蓋し久しく失意の境遇にあった蒙哥家は、これ迄十分なる封地を与えられて居なかったので、蒙哥が大汗の位に上るや、兄弟力を併せて新領土を開拓して、之を子孫の世襲財産となさんと企てた。憲宗の次弟忽必烈《フビライ》は中国・西蔵の方面を委任され、三弟旭烈兀《フラグ》は鋒先を波斯《ペルシア》に向けたのであった。

忽必烈は後に世祖となる人であるが、蒙哥家不遇の中に成長した事は、彼をして、蒙古社会にて蔑視されがちな中国系官吏と親密ならしめ、一通りの漢文化の教養を治めていた。蒙古至上主義を以て征服地の人民に臨んだ、初期の蒙古諸王の中には珍しい存在で、漢人の子と綽名された。彼は兄蒙哥汗より漠南の軍事を一任されると、姚枢、郝経などの儒者を召し、史天沢《してんたく》、張柔《ちょうじゅう》の如き漢人出身の将軍を用いて股肱とした。南宋がその敵手として、斯くの如き漢文化に理解ある蒙古公子を迎えたことは、和するにも戦うにも、大いに警戒を要す可きことであった。

忽必烈の幕中には親宋論者が多かったようである。忽必烈は最初彼等の意見に動かされて、宋との正面衝突を避け、その鋒を西方に向け、宋の四川国境外を通過して、雲南に入り大理国を亡し、同時に西蔵を招降し、一軍を出して兀良哈台《ウリヤンハタイ》を将として長駆安南を征服せしめた。安南王が蒙古の軍前に降ったのは憲宗即位の七年であり、翌年には憲宗自ら兵を率いて宋を征し四川に入り、忽必烈は京湖へ、兀良哈台は雲南より広西へと三道より兵を進めて、鄂州《がくしゅう》（武昌）に会合する策戦計画が立てられた（宋宝祐六年、一二五八年）。

憲宗の軍は最初に行動を起して四川に侵入し、嘉陵江に沿うて下り、長江流域に出ようとしたが、途中合州で喰い止められた。合州の守将王堅なる者、地の険を利用して防禦に力め、流石の蒙古軍も之を降すこと能わず、合州を通抜けて重慶を攻めんとした折も折、憲宗蒙哥汗は病に罹って、合州釣魚山の営中に殂落した。これ宋の開慶元年七月二十一日のことである。

憲宗麾下直属の軍隊は間もなく合州の囲を解いて引上げたが、南方より宋の背後を衝く可く命ぜられたる雲南の兀良哈台は、丁度この頃行動を起しかけた時であって、如何に急使を派してこの行を中止させようとしても間に合わない。事実兀良哈台は七月盤江を渡り、邕州に入り、八月横山寨を破り、賓州、貴州を経て、象州柳州を蹂躙し、九月二十二日には、静江府の城下に迫ったのである。

一方忽必烈は兄憲宗より進撃の命を受け七月、蔡州にて勢揃いをした上、淮水の上流を渡り、大別山脈の険要、大勝関を破り、黄坡に於いて揚子江に臨み、渡江の策を廻していた。而して憲宗崩御の報は早く忽必烈に達したがその後、九月一日になって、穆哥《ぼくか》なる者が合州城下より急使を派して憲宗崩後の諸将の動静を伝え、且つ忽必烈に勧むるに早く北帰して大汗の位を争う可きを以てした。忽必烈としても大汗位相続に対して食指の動かざるにあらず、併し乍ら宋の背後に廻りたる兀良哈台の軍は既に宋の奥地深く侵入して居るので、若し之を放置して撤兵せんか、兀良哈台は進退拠る所を失って全滅に陥る懸念がある。且つ汗位継承の内紛には、自ら野心を表明するよりも、暫く重兵を握って局外に立ち、事態の推移を静視した方が有利であるとも考えたのであろう。彼は親信諸王の懇請を退け、反って陽邏堡《ようらほ》より舟を艤して大江を渡り、南岸の滸黄州に上陸すると、兵を進めて鄂州城を囲んだのであった。時に鄂州城は宋軍の守備単弱、あわや落城と見えたが幸にして守将張勝善戦して蒙古軍を防ぎ、且つ四川より呂文徳が手兵を以て入援し、賈似道も亦大軍を率いて応援に向い、此に鄂州城下に両軍主力の対陣となった（宋開慶元年、一二五九年）。

この間、宋軍は相当勇敢に戦って蒙古軍を悩ました。その理由として考えられることは、第一に金の滅亡の後にその遺民が宋に亡命して居り、蒙古に対する敵愾心から奮戦力闘したこと。第二に宋の財政に余裕あり、惜まずに軍費を支出したること、即ち開慶元年二月から翌景定元年の二月迄、丸一年間に特別に支出したる犒賞《こうしょう》の費用のみにても銅銭一億六千八百万緡《びん》、銀十六万両、帛十一万疋に上る。更に第三としては、蒙古軍が本腰を入れて戦ったものでなく、兀良哈台の軍は原来が後方攪乱の為の別動隊であり、忽必烈の本軍と雖も徹底的に宋を征服する意志は持たなかった為、自然に鋒先が鈍ったことも数えられよう。

兀良哈台の軍は湖南の全州、永州を経て、湘水に沿うて下り、十一月頃潭州迄来たが、潭州郊外の南岳市で宋軍と遭遇し、この戦で二哥元帥と称する、恐らく基督教徒の色目人捏古来《ニコライ》が流矢に当って戦死した。忽必烈の先鋒は既に岳州に達していたので、斥候を出して連絡を取り、互いに動静は察知出来たが、宋軍の抵抗と地形の不利の為に、兀良哈台軍は北進を続けることが出来ず、一旦南方へ引返し、今度は湖南・江西の省境の山地を突破して江西の平野へ進出した。

忽必烈の方では一旦岳州の前面に現われた味方の迂回軍が、再び姿を消して行方知れずになり、一方蒙古の根拠地では末弟阿里不哥《アリクブカ》の即位運動が愈々具体化して来るので最早猶予出来なくなり、大将張柔に残置軍の指揮を命じて自らは軽騎を率いて北帰した。

兀良哈台軍が江西へ侵入したのは既に景定元年（一二六〇）に入ってからの事と思われるが、彼は守備薄弱なる宋の内地を蹂躙して、袁州、臨江軍、瑞州、奉新、分寧、武寧、江州、興国軍の各地を悠々経過して、無事本軍と合体した。只それより北帰するには揚子江を渡らねばならぬが、有力な水軍を有しない蒙古軍には之が大冒険である。蒙古軍はこれ迄対陣が長引くと、長江の上に浮梁を造って江北と往来していたが、三月三日を期してこの危険なる浮梁上の退却を断行しようとした。河川を挟んでの戦には、敵軍が半ば渡る所を撃つのが古来戦術の定石である。宋では水軍の将夏貴等が大艦を艤してこの好機を待って居り、蒙古軍の撤退開始を見すまし、浮梁を焼断って鏖殺《おうさつ》戦を行った。但し戦術の未熟な為か、将た蒙古軍の善戦したる為か、宋軍の獲たる首級は僅百七十人に過ぎなかったが、兎も角、連戦連敗が常例であった宋にとっては異常な成功であり、朝野を挙げて有頂天の歓喜に浸ったことには、十分に同情出来る。

この間、賈似道は京西・湖南北・四川宣撫大使、都大提挙両淮兵甲、湖南総領、知江陵府という長い肩書で、更に節制江西二広人馬を兼ね、通融応援上流を命ぜられているから、都の附近を除く外、南宋領土の殆んど全部が彼の指揮下に入っていた訳である。即ち彼はこの戦争に対する全面的の責任者であり、功罪共に一人で負わねばならなかった。彼は始め漢陽にあり、後に戦場の中心なる鄂州に入って軍務を総督し、戦の終る頃になって、対岸の黄州に移駐した。その途次に敵の敗残兵に遭遇して之を破り、擄掠せられた若干の宋民を取戻し、此等は又誇大なる軍功報告となって中央に達し、いやが上にも彼の武勲を赫々たるものにした（この前後の事情は拙著「鄂州の役前後」全集第十一巻参照）。

四

理宗皇帝は原来、宋皇室の疎族で、寧宗が不慧にして子なきの際、皇子に取立てられ、時の権臣史弥遠《しびえん》にその端重なる態度を見込まれ、寧宗の崩後競争者を排して位を嗣いで天子となったものである。所が不遇の中にあっては好学恭倹の青年も、急に天子になって富貴の境遇に置かれ何一つ思うに任せぬことがなくなると、根が生れつきの聖人でもないので、段々自制の箍《たが》がゆるんで来て、天晴れ一箇の道楽者となり了せた。殊に宰相史弥遠が亡くなった直後、折角意気込んで行いかけた政治改革、いわゆる端平更化が失敗に終ると、その反動として、なげやりの政治を行うようになった。[5]先ず宮中に土木を興し、その為に修内司という役所を立て、之が宮中を根拠として外廷に干渉し出した。[6]最初は単に政府から土木費を貢いで呉れれば満足したが、段々費用が嵩んで来ると、政府の人事に容喙し、外戚宦官一味の者を地方官として派出し、其地方から直接、宮廷の費用を搾取しようとした。朝廷の大臣は若し斯る要求を容れれば清議の斥す所となり、無下に退ければ自己の位置を保つことが出来ないので、其の立場は誠に苦しいものがある。斯くして優柔不断の謝方叔《しゃほうしゅく》は朝を追われ、董槐《とうかい》、程元鳳《ていげんほう》の中間内閣も永続せず、結局宦官勢力の代弁者たる丁大全《ていたいぜん》が右丞相となり、硬論派は一時逼塞せざるを得なかった(7)。そこへ起ったのが上述の蒙古軍の大侵入であったのである。

抑も忽必烈が何等水軍の準備なくして進軍し、容易に揚子江を渡ることが出来たのは、丁大全の失政が原因で、彼の登用した地方官が江畔の漁戸を浸削し、其地の土豪が之に憤激のあまり進んで蒙古軍の嚮導を勤めたるが為であった。而して丁大全は自己の非を蔽わんが為に、由々敷き事態に立至る迄、蒙古軍の侵入を秘匿して、国家を累卵の危に陥れたのというので、囂々たる非難の声に曝され、流石厚顔の丁大全も、挂冠して罪を闕下に待たざるを得なかった。而して丁大全に代りて、戦時内閣の重責を負うたるは、硬論党の領袖呉潜《ごせん》である。

呉潜は嘉定十年の状元進士であり、当時漸く政治界にも姿を現わして来た、弊衣破帽を誇る道学先生の錚々たるものであった。彼は嘗て、道に違って誉を求むといって弾劾されたことがあった程であるが、今や年七十に近く、老いて愈々頑固に、朝廷より宦官派の政治家を一人残らず掃除せんものと決心を固め、徹底的粛清案を提げて朝に立ったのである。所が彼の悲壮なる決意に共鳴したのは、僅に若干の青年官吏のみであって、一般廷臣は寧ろ、余りに行き過ぎたる粛清は、其中に自分等をも累すに至るも知れぬと危惧し出したらしく、予想外に冷淡な態度をとって傍観していた。一方では呉潜の計画した朝臣の人事異動が未だ目鼻のつかぬ中に、血気に逸る少壮官吏、国子博士以下五人が呉潜の仕方を手ぬるいとなし、凡ての禍乱の根本は宦官董宋臣《とうそうしん》にありとして、宮中の秘密迄も摘発せんといきり立つ。呉潜としても在野時代の抱負は、愈々廟堂に立って見れば到底其儘実現出来ぬことに気付き、彼の戦時内閣の前途には早くも一抹の暗雲が漾《ただよ》ったのである。(8)更に困ったことは、由来天子の苦手は道学者であり、この場合も天子理宗が呉潜と少しもこまが合わない。蒙古軍が江西迄侵入して来た時、呉潜は天子に海上に避難することを勧めた。天子は不賛成である。曰く「朕が海上に去ったらば、卿は如何するか」。呉潜曰く「臣は死力を尽して国都を禦致しましょう」。天子泣下りて曰く「卿は張邦昌《ちょうほうしょう》の真似をするのではあるまいな」。この天子の言葉は酷い言い方で「朕を売るつもりか」というと同じい。こんなヒステリックな激論が君臣の間に交されたが、更に立太子問題で最後の場面に到達した。原来理宗には皇子がない。そこで弟栄王与芮の子忠王を養子にしようとしたが、道学者呉潜には、そのモダン振が気に喰わない。「臣は史弥遠と違いますし、忠王は陛下程運がよくはありませぬ」。こんな事を言上してすっかり理宗の機嫌を損じた。蒙古軍が全部撤退して、平和恢復の直後台諫側が呉潜の罪を弾劾する一方、夜半忽として免職の辞令が宮中より下り彼はその職を去らねばならなかったのである(9)。

然らば彼の後を継ぐ者は誰か、実は天子と二、三の朝臣との間には後継内閣首班の膳立はすっかり出来ていたのである。そは言う迄もなく、今度の戦争の大勲功者賈似道其の人に外ならなかった。彼はこれ迄既に参知政事、枢密使・右丞相の肩書を加えられては居たが、実職は制置使乃至宣撫使であって、国境軍隊の指揮官である。三軍を叱咤すること前後十五年、最後に蒙古の侵入を防禦して、その手腕を天下に承認されたので、彼が中央に入って相位を正すには何人も異存がない。只彼の宰相としての技倆は猶未知数に属する。朝野は刮目してこの新宰相の采配振りを見守ったのである。

五

賈似道は開慶元年十月、既に軍中に就いて右丞相兼枢密使に拝せられ、翌景定元年四月、左丞相呉潜が罷めらるると直ちに、凱旋将軍として入京し、朝廷の首班に坐することとなった。此で一言す可きは、天子理宗との関係である。早くより天子は個人的に賈似道の人物を熟知して居り、姉賈貴妃は既に亡くなっているとは言え、その弟を信頼する情には変りがない。その賈似道が新に宰相となったので、言わば何時も裏口より出入したる親類の子が、今度は来客になって堂々と玄関より乗り込んだ如く、朝廷で初顔合せした君臣は、互いに擽ったい気がしたに相違ない。両者間の意志疎通は、電気の銅線を伝わる速度で行われたことは推測に余りある。この事は何といっても新宰相の絶対の強味であった。

賈似道が先ず行わねばならぬことは、今事変に対する論功行賞及び軍規干犯者の所罰である。論功行賞の方は既に軍中に於いて大半を済ませ、自己の後継者として気に入りの呂文徳《りょぶんとく》を京西湖北安撫使に据え、夏貴を淮東安撫副使として之を輔けしめることに定っている。所罰の方は、これ迄は戦争に敗けさえしなければ行わないのが常例であるが、長く軍中にあって実情に通じ、且つ軍隊に対して睨みの利く賈似道は断乎として之を実行し、いわゆる打算の法を行って軍規の粛整を計ったのである。文臣にして兵に将たりし、李曾伯《りそうはく》、史巌之《しがんし》等はその退嬰瀆職の故を以て官を褫《うば》われ、武将は多く貪婪無規律にして、その部下を放って掠奪を恣にしたる廉を以て黜退された。掠奪の名人、李虎の如きが死一等を減じて欝林州に流されたのは当然として、相当に武功を立てたる向士璧《しょうしへき》、曹世雄《そうせいゆう》等が免職されたる上、濫用したる軍費の弁償を強制されて能わず、遠州に貶竄《へんざん》せられたる如きは、人みな賈似道の偏頗《へんぱ》なるを疑い、その苛酷に過ぐるを咎めた。[10] 併し賈似道に言わせたならば又已むを得ざる理由もあったであろう。

武人に対する粛清が徹底的なるに反して、中央の文官官僚に対する彼の人事行政は寧ろ微温的であった。先に呉潜が反対派を一掃せんとして失敗したのに鑑み賈似道は反って清濁併せ呑み、旧材料を其儘利用してそこに賈似道流の新体制を樹立せんとした。而して彼の目論見は、卓越せる彼の行政的手腕によって略々完全に近く実現せられた。

当時官吏の数は頗る多くして実欠は甚だ少く、必然的に猟官運動が猛烈に行われた。

そこには宦官をも利用して恥じざる便宜主義者と、之を排撃せんとする硬論派との対立も生ずる。賈似道が若し一方を援けて一方を排すれば、宋代名物の党争が再燃化する虞がある。賈似道が覘う所は寧ろ従来の党派の解消である。彼は一切既往を問わざることとして、官僚群を安堵せしめて、改めて彼に対する将来の助力を要請した。彼は猟官運動には堅く門戸を閉して請託を退け、一方礼を厚くして、隠遁的な学者の出盧を懇請した。その遣り方が飽迄徹底して、世人をして以後猟官運動の為には、山中に入って坐禅をしなければなるまいかとさえ思わしめた。彼が礼を厚くして朝廷に招き、廟堂に立たしめたる馬廷鸞《ばていらん》、葉夢鼎《しょうぼうてい》、江万里《こうばんり》の如きは何れも当時に有名な学者文人であるが、元より宰相の器でもなく、事務の才もない、言わば床の間の飾に過ぎないのであるが、賈似道は寧ろ、そういう無能な点を見込んで同僚に選んだのである。(11)賈似道自ら恬退《てんたい》の範を示さんが為に、時々健康勝れざるを理由として辞職を願い出づれば、彼の同僚は暗夜に灯火を失わん心地して、争って天子に上書して、周公去る可からずと言って彼を慰留せんことを祈願する。(12)賈似道更に恐懼して切に骸骨を乞わんとすれば、天子の慰撫愈々厚く、同僚の留任運動は益々白熱化する。七度八度押問答の後に漸く、留任を承諾すれば、天子も官僚も胸を撫で下して安堵し、其度に賈似道の官位は上り、威権は高まるのであった。

軍閥を抑え、官僚を抑え、而も天子の信任隆重なる賈似道に対しては、宮中に巣喰う宦官、閥閲を誇る外戚宗室も頭が上らなかった。否最も不思議なる現象はこれ迄、虎の如く猛く、何人も馴らす可からざる代物と思われた臨安府下の学生群迄が鳴を潜めて、急に猫の如く従順になったことである。(13) 由来都下の学生は鼻息が頗る荒く、何分にも聖賢の書を誦する身分という矜恃があるので、俗物の政治家共等は眼中にない。何気に喰わねば廟堂の宰相をも弾劾する。之を取締るのは臨安府尹の職務であるが、何分相手が学生となると、後難を恐れて手を出さぬ。政府と学生の間に挟まれ進退谷《きわ》まって辞職するのが、歴代の府尹の運命と定っていた。それが賈似道が一度学校を睨むと、これ迄兇暴を極めた学生群が魔術をかけられたように大人しくなって了った。然らば彼は如何なる秘訣を知ったか。別に面倒はない。只思想善導費を余分に出す、学校の試験をらくにする、時々若い者をおだて上る、この位の事で当時の学生等は面白い程まんまと籠絡されて了ったのである。

六

此に一言せねばならぬのは賈似道の財政策である。由来、江南地方は一帯に米の産額が多く、殊に都の臨安附近は浙東、浙西の地で、古来米穀豊熟を以て鳴り、総体的には食糧は決して不足しないが、尨大な軍隊に供給する為には租税丈では十分でない。約六百万石の米を毎年和羅《わてき》と称して実は強制的に買い上げるのであるが、之に支払うには会子なる不換紙幣を以てする。斯くして年々不換紙幣が増発されるので、その価格は年々低落し、たとえ紙と墨で印刷するものでも、その分量が莫大な量になると、印刷費用丈でも馬鹿にならぬ。(14)賈似道は新会子印刷の手数を省き、悪性インフレを抑制する為に、一労永逸の策として、公田買収に着手した。之は劉良貴等の献策によるもので、二百畝以上所有の大地主より其の三分の一を強制的に国家が買収し、之を小作人に貸与してその年貢を収め、和羅に代えて軍糧に供するという計画である。賈似道はこの新政策に非常に熱心で、率先して自己の所有田一万畝を投げ出し、吝嗇を以て聞えた、理宗の弟栄王与芮にも田を出させ、予め反対論者の口を封じた。先ず浙西より買収に着手し平江、嘉興、安吉、及び鎮江常州江陰に官田所の分司を立て、各郷に官荘を置き、土豪を荘官に任じて、租米の徴収に責任を負わせ、後には荘官を廃して官吏が直接小作人を監督することにした。扨買収と言っても、政府が代償に与えたものは、不換紙幣の会子と、官吏の辞令書たる告身であったから、没収と相去ること遠くない。又官吏荘官が愈々租米を徴する段になって、意外に実収が少いと、貧乏な小作人を責めても役に立たぬので、原の所有主に不足分を弁償せしめる。之が浙西地方の地主連に大恐慌を惹起した。尤も地主の方にも罪があり、これ迄の大地主には、その経済力を背景として非道な利殖を行って来た者が多く、和糴のような負担は成可く之を小地主に転嫁し、結局政府は今迄の和糴ではやって行けなくなった。そこで公田買上を始めると、彼等は態と嶢确な地を以て買収に応じ、或は面積を伴って差出したので、租米上納の際にその不正が暴露したのである。結局は身から出た錆とは言うものの、租米不足の弁償を督促せられて困却し或は自殺する者さえあったというデマも飛ぶ。賈似道の公田政策は地主階級に著しく不評判であり、而して地主階級の不平は直ちに響の声に応ずる如く朝廷の輿論に反映する。そこで最初の予定は全国で一千万畝の田を獲て、六、七百万石の租米を徴する計画であったが、浙西に於いて三百五十万畝の公田を獲た所で一先ず打切ることとした。その租米は約二百五十万石となる勘定であるが、この額はこれ迄の両浙転運使の和糴額に相当するから、浙西の公田丈で両浙の和糴を罷めても困らぬようになったのである。後に公田の租米を咸淳倉を立てて貯えたが、常に六百万石の米がそこで唸っていた。

第二の政策は経界推排法という。之も主として富豪が賦税を誤魔化さんが為、故意に田籍を紊乱しているので、検地を行って田籍を正したのであるが、官僚地主間の評判は益々よくなかった⑮。これより江南の地は尺寸の土にも税が課せられたと非難されたが、今日から見ればその方が本当なのである。凡そ斯る地主階級の好まざる政策は古来、大抵失敗に終るものであるが賈似道は之を断行し、実施し、不思議に或程度迄成功した。以て彼の偉大なる統制力を見る可きである。

第三は金銀見銭関子の発行である。南宋時代の通貨は原則として銅銭本位であったが、実際には会子なる不換紙幣が併行して用いられた為、銅銭は之に圧迫せられ、次第に流通界より駆逐されそうなので、政府では銅銭と会子とを半分宛用う可し、という様な命令を出し、平価の切下げを行うと共に、会子の価格維持に力めたが、朝廷の財政困難が会子の濫発を促すと共に会子の価格は下落する一方である。南宋半ば以後、会子価格の維持が、常に政治家の悩の種であった。賈似道は公田を買って或程度まで和糴をやめ、会子の増発を喰い止めると共に、之が整理を企てた。当時第十七界、第十八界の会子が流通していたので、第十七界の会子の通用を停止し、新に見銭関子を発行した。之は銅銭の兌換券である。一体、交子、会子、関子、みな手形の意味であって格別の差違はなく、最初は夫々兌換券であったのが、何時の間にか不換紙幣となると、之と違って兌換可能の新券を発行して別の名前をつけるのである。所で賈似道の見銭関子の一貫は、銅銭七百七十文に兌換し、十八界会子の三貫に交換する。結局十八界会子一貫は、銅銭二百五十七文と定められたのである。而して十七界の会子は、十八界会子を以て回収したが、如何なる比率を以てしたか不明である。

銅銭及び之を代表する会子の外に、当時銀が漸く流通力を増して大量取引に用いられ、銭に代って本位貨にならんとする勢であった。そこで賈似道は、金塊銀塊の関子を発行して見銭関子と併せ用いた。金と銀、銀と銅との交換比率が如何であったかも、遺憾乍ら知るを得ない。扨各種の関子が発行された後、通貨は果して安定したか否か、史の伝うる所では、反って益々物価騰貴して人民が苦んだとあるが、之も文字の儘には受取れない。其後十年程で南宋は滅亡し、この十年間の情勢を公平に伝える史料は現今殆んど存在していないからである。

七

景定五年、理宗は宝寿六十歳、在位四十一年の長き治世の後に崩御して、弟栄王与芮の子忠王が即位した。度宗即ち忠王は先に賈似道が相位を正すと共に、その賛助の下に皇太子に立てられて居た。今即位の時は年二十五歳、別に幼冲というには非るも生来不慧にして、学問よりも政治よりも、享楽を好む近代的青年であった。而して賈似道より言えば最も与し易い天子であり、彼の地位を一層鞏固にするには好適な機会に恵まれた訳でもある（一二六四年）。

度宗即位の翌咸淳元年、賈似道は太師を加え魏国公に封ぜられ、同三年平章軍国重事に任ぜられ、私第を西湖の葛嶺に賜わり五日一朝の殊遇を与えられた。此に於いて南宋政府には二重体系が成立し、賈似道は葛嶺の私第に於いて、館客廖瑩中《りょうえいちゅう》と計って庶政を裁決し、臨安朝廷の百僚は成を仰いで盲判を押し、両所の連絡には堂吏翁応《おうおう》龍《りゅう》が当った(16)。

葛嶺の賈氏邸宅は西湖を俯瞰する形勝の位置を占め、園を集芳と名づけ、其中に半閑亭を立て、賈似道自ら半閑老人秋壑《しゅうがく》と号した。彼は文学にも疎からず、殊に美術を愛好し、良工を招いて定武蘭亭帖を覆刻したりした。その随筆なる悦生随抄は当時の随筆文学流行の風を追うて、閑話を蒐録したものであるが、今は僅にその一部分が説郛《せっぷ》の中に見出さるるのみである。賈似道の骨董癖も亦当時の風潮に感染したものであり、相当の熱度に上ったらしい。(17) 園中の多宝閣の収蔵を富まさんが為には、世人の最も嫌忌する古墓発掘も厭わなかった。彼は峻厳に猟官運動を封じた事は前述の通りであるが人には弱点のあるもので、流石の彼も骨董を持ちこまれると、人事の上に或種の融通を利かせざるを得なかったと言う。又蟋蟀を闘わすことが好きだったと伝えられるが、この遊戯は今日でも中国に行われている。宰相と蟋蟀の取組は不似合であるが、それが即ち南宋末期の世風であったのである。

咸淳六年には十日一朝を許され、賈似道と朝廷との関係は愈々疏遠になると共に、賈似道の権限は益々強化された。咸淳十年、賈似道の母胡氏が八十三歳の老齢を以て病死するや、天子は詔して特に朝を輟む五日、内侍をして葬を護し、葬日天大いに雨ふって百官泥濘の中に坐し、膝を没するも敢て動かなかったと言う。併し乍ら亢《こう》龍《りょう》悔あり、位人臣を極めて望月の欠けたるなきを誇った栄耀も、驀て急旋直下、失意のどん底に転落するの日が来た。

而して彼の運命の逆転は対蒙古政策の破綻より来たのであった。

八

先に忽必烈の侵入に際して、賈似道が割地と歳幣を約して和を請い、忽必烈を欺きて撤兵せしめたる後、その約を果さなかったという旧来の通説は真実でない。鄂州の軍中にて和睦の下交渉が行われたのは事実であるが、之は寧ろ賈似道が蒙古の意向を探らんと誘いの手をかけたと見る可きで、忽必烈もこの提議を真に受けず、遂に和議は流産の儘、物分れとなったのである。忽必烈は開平に帰りて自立して大元皇帝の位につき、東方蒙古帝国を建設し、略々曩日《のうじつ》の金宋対立の形勢が再現すると、幕下の親宋論者郝経《かくけい》を宋に派遣し、新に宋に対し若干の要求を提出して、その反応を見んとした。賈似道は恐らく人心の動揺を慮り、且は国情を探知せられんことを恐れ、郝経を真州に拘留して都に入らしめなかった。

忽必烈がその政敵にして弟たる阿里不哥《アリクブカ》の勢を挫き、略々西北の騒乱を鎮定する間に、山東の漢人軍閥李壇《りたん》が叛乱を起した。宋政府は別に何程の成算があった訳ではないが、李壇の叛を声援して、虎威を犯すの愚を敢てした。李壇は先に金末、流賊より起りて宋と蒙古との間に立ち、一独立勢力を形成したる李全の子である。李全が宋軍に殺されし後、蒙古保護の下に旧部下を糾合して勢力を盛返し、山東に根を張り蒙古帝国内に漢人軍閥として生長した。それが策士王文統の野心に踊らされて叛旗を飜したが軈て蒙古軍に討平せられた。この事ありて以来、忽必烈の漢人に対する心境に一変化が認められた。彼は部下の漢人諸侯を警戒し出すと共に、南方に宋国が余喘を保つ間は、決して漢人が蒙古の支配を謳歌せざる可きを悟ったのである。

李壇の叛乱は蒙古の戦術に対しても貴重な教訓を与えた。由来蒙古人は野戦に於いては天下に敵なき勇猛さを発揮したが、攻城となるとその鋒先は鈍った。忽必烈の宋への侵入に際しても、長き対陣の間に遂に鄂州城を抜くことが出来なかった。然るに李壇が済南に籠城した時、元将史天沢は宋子貞《そうしてい》の献策を用い、敵城に対峙して此方にも環城を築き、包囲態勢を次第に圧縮して敵の死命を制するを得た。即ち電撃戦一本槍の蒙古軍は、持久戦の要領を会得するに至ったのである。忽必烈は早速この新戦術を宋に対して応用した。

宋の前線は両淮・京湖・四川であるが、其中京湖が最も要衝に当る。蓋し両淮は沮《そ》洳地《じょち》にして騎馬の進退敏活ならず、四川は中心より遠く離れて大勢に影響することが少い。されど若し京湖が破るれば宋の領土は中断されて半身不随に陥るのである。されば宋でも、精兵を京湖に集め、殊に前進基地たる襄陽の防備を堅固にしている。宋にしてこの地点を確保すれば、たとい蒙古軍が奇襲的に内地に侵入するも、軈て兵站線の脅威を受けて、長駆戦果を拡大することが出来ないのである。

襄陽は正に必争の地であった。襄陽の守将呂文煥《りょぶんかん》は、賈似道腹心の将呂文徳の弟であり、呂文徳は鄂州に鎮して、揚子江の中流を抑え、京湖の軍事を総督している。時に宋軍の驍将劉整《りゅうせい》なる者、賈似道と相容れずして蒙古に降り、襄陽を取るの策を献じた。即ち呂文徳に啗わすに利を以てし、襄陽と併立する要地樊城外に互市場を設け、互市場を保護するの名の下に簡単な防禦工事を施すの了解を得た。南北の互市は、其地の繁栄を招き、之を支配する軍閥にも相当の副収入を齎すので、呂文徳はうかと承諾したのであるが、樊城外の防備は知らず知らずの間に強化され、呂文徳が気のついた時は既に遅く、最早如何ともす可からざる堅固な城壁が出来上っていた。而して蒙古軍は榷場を足溜りとして、襄陽樊城の周囲に要塞を増築して之を包囲し、完全に宋の援軍往来の途を遮断して了った。斯くて咸淳四年より、五箇年に亘る襄陽攻囲戦が展開したのであるが、其中に呂文徳は病歿し蒙古軍が新武器回回砲を用いて轟撃するに及び、さしも難攻不落を誇った襄陽の守備も潰えて、咸淳九年二月、守将呂文煥以下、城門を開いて出降した。襄陽なき宋の防禦は、セダンを突破されたるマジノ線であった。

宋の咸淳十年、元の至元十一年七月、忽必烈は名将伯顔《バヤン》に十万の軍を授けて南宋討伐の総帥を命じた。伯顔は宋の降将劉整をして両淮に向い、宋軍を東方に牽制すると共に、猛将阿朮《アジュ》を前鋒として京湖に侵入し、漢水に沿うて南下した。阿朮はかの兀良哈台の子、先の襄陽攻囲戦は彼の指揮下に行われたものである。冬十二月十四日、阿朮の軍は揚子江岸に達し、宋の水軍の眼を掠めて南岸に渡り、早くも鄂州城を占領した。此時蒙古軍は予め漢水に於いて訓練したる水軍あり、今又宋の鹵獲艦船を以て、強力なる水軍を組織し、瞬く間に臨安進撃の体勢を整えたのであった。この前後、宋元間の記録に一日ずつのずれがあることを注意せねばならない(18)。

明くれば元の至元十二年、宋は度宗崩後を受けて、子少帝の立ちたる徳祐元年、蒙古軍は揚子江の両岸に沿うて、江中の水軍を保護しつつ、破竹の勢を以て東下した。斯かる危殆に直面して宋朝廷の対策は如何。否、宋朝廷には時勢の見透しと、前線の情報を聴取し得るものは賈似道以外にない。然らば賈似道の戦略は如何。

思うに欧亜大陸を蹂躙したる百勝の蒙古軍の前には如何なる国家も、その生存の権利を主張貫徹し能わなかった。襄陽の陥落によって賈似道は恐らく、国家の前途は既に奇蹟を恃む以外に救う可きものなきを覚悟したであろう。而も彼は表面飽迄平静を装い、退敵の秘策は彼の方寸にあるものの如く世人をして信頼せしめた。

賈似道は兎も角も蒙古の侵入軍を安慶附近に於いて一支え支えんが為に沿江の海船を駆集め、揚子江を溯って軍を進めた。然るに安慶の守将范文虎《はんぶんこ》は呂文煥の婿であり、舅の檄を奉じて元軍に降ったので、賈似道は已むなくその艦隊を蕪湖に留めた。淮西の老将夏貴《かき》、江淮の将汪立信《おうりつしん》等来り会したが、江中の艦船は殆ど蒙古軍の鹵獲する所となり、賈似道の率いたる海船は、揚子江中にては進退共に甚だ不便であった。蕪湖に於いて賈似道は最後の希望を抱いて、敵将伯顔に和睦を提議したが、伯顔は無条件降服を要求して、取り合わなかった。蒙古水軍と、蕪湖附近の丁家洲に於いて、遭遇した賈似道の軍は大敗して奔竄した。賈似道は今更朝廷の百官に会わす可き顔なく、淮東の李庭芝《りていし》の許に走り、表を朝廷に上って罪を謝し、併せて天子が一時艦隊に乗り込んで海上に避難せんことを勧告した。

臨安にて賈似道の留守を預りたるは、武将としては殿帥韓震《かんしん》、文臣としては賈似道の腹心陳宜中《ちんぎちゅう》であった。陳宜中は賈似道の党派と認められんことを恐るるあまり、故意に賈似道の意向に逆らい、海上行幸の議に反対し、之を決行せんことを固執したる韓震を宮中にて暗殺した。斯かる危急存亡の秋を目前にして惹起されたる陰謀内訌は、百僚将士の団結を解体せしめ、臨安府は名状す可からざる混乱に陥った。

状元出身の少壮官吏文天祥《ぶんてんしょう》は、故郷の江西にて兵を募り、山間の峒丁二万人を引率して都に出でて張世傑《ちょうせいけつ》等の武将と共に残軍を糾合し、城を背にして蒙古軍と一戦を交えんと息捲いた。而も軍隊は兵甲を棄てて逃亡する者相継ぎ、之を補わんが為に街路に於いて強制徴募が行われる。敗兵は四出して行旅を劫し、正規軍の中でも混乱に乗じて掠奪を行うものあり、張世傑の部下最も横暴と称せられた。

朝廷の台閣に列したる宰相執政以下の高位高官は、時勢非なりと見るや、一人逃げ二人逃げ、夜陰に乗じて都を落ち、陳宜中も亦その例に洩れなかった(19)。六歳の少帝を擁したる太皇太后謝氏は、無用の抵抗が形勢を挽回するに益なきを見て、無条件降伏の決意を定めた。徳祐二年正月、宋帝は臣と称し、伝国璽を上って伯顔の軍門に降ったのである（一二七六年）。

九

吾人は更に、丁家洲敗戦後、宰相の位を褫《うば》われたる一平民賈似道の運命を語らねばならぬ。敗報が一度臨安に伝わるや、これ迄賈似道の味方であり、腹心であり、股肱であった臣僚は悉く、彼の敵となり、囂々として彼の責任を問い、彼の既往の行事に溯って弾劾し、或は賈似道に不臣の兆ありとし、之を極刑に処す可しと論ずる者もあった。彼等は斯くして賈似道との過去の因縁を払拭出来ると思ったのであろう。併し太皇太后謝氏は三朝の旧臣賈似道に同情があった。太后は詔して賈似道の官を免じ、之を漳州に流すに留めた。監押の武臣鄭虎臣《ていこしん》はもと賈似道に銜《ふく》む所あり、配地漳州に至るや、木綿庵に於いて憐む可き六十三歳の老翁を拉殺した。或は之は賈似道の再起を最も恐れたる陳宜中の指金であったかも知れぬ。というのは鄭虎臣は聽て陳宜中によって死に処せられたが、自らの罪迹を晦まさんが為に其の同類を殺すのはよくある手なのである。

賈似道によって籠絡され、重用され、最後に賈似道を見棄てたる南宋の大官連は、或者は元に仕え、ある者は著述を残して、相変らず賈似道を譏罵して、宋滅亡の責任を彼の一身に負わしめんとした。而して現今の宋史は彼等の門流の手になるものである。更に賈似道を責むるの酷なる、明人に若くはない。明人の編纂せる宋史紀事本末巻一〇二に「賈似道既に相となり、外戚の子弟を引いて監司郡守となした」と書いたのは宋史賈似道伝に、賈似道入相以前の理宗朝の状態を述べた文をそのまま引用したもので、実は彼が入朝の後にその弊を改めた事実を無視したるもの、吾人は唖然として言う言葉を知らず、余りに陋劣なやり方は、公正なる読者をして義憤をすら発せしめる。

流石に明君世祖忽必烈の胸中には、敵味方に関せず公平なる観察と正義感とが畳みこまれていた。嘗て諸臣を会して酒宴を開き、そろそろ酔が廻りかけると、欝勃たる彼の正義感が脈を打って動いた。彼は並みいる宋の降臣の武将達を見渡して言った。「卿等は何の思う所あって宋を去って朕に降ったか言ってみよ」。それで一人が答えた。「宋では賈似道が専横を極めて、偏えに文臣を贔屓《ひいき》して臣等を侮蔑し、一向に臣等の意見を尊重しなかったからで御座ります」。さもあらんという顔をした忽必烈は眼を光らして言った。「成程賈似道という奴も悪いが、併し気の毒なのは宋の天子だな。お前達もお前達で、よく何の罪もない主人を裏切って逃げる気持になれたものだ。

若しこれからもそんな了見でいると、この俺までが賈似道のようにお前達を馬鹿にするぞよ[20]」。たとい相手が万乗の天子でなくても、宋の降将等には返す言葉が無かったに違いない。

注

（1）度宗の母と賈似道の母。宋周密の斉東野語巻十五、亀渓二女貴の条に、

隆国黄夫人。湖州徳清県人（中略）。帰李仁本。媵其女以入栄邸。時嗣王与芮苦無子。一幸而得男。是為度宗。然自処極謙抑（中略）。秦斉国夫人胡氏。亦同邑人。相去纔数里（中略）。既而生似道。未幾去。嫁為民妻。似道少長。始奉以帰。性極厳毅。似道畏之。当景定咸淳間。屢入禁中。隆国至同寝処。恩寵甚渥。年至八十有三。

とあり、この賈似道の母胡氏については、元の李有の古杭雑記に、

賈似道母両国夫人。本賈渉之賤妾。嘉定癸酉。渉為万安丞。似道在孕。不容於嫡。県宰陳履常。新淦人也。渉与之通家往来。以情告之。遂相与謀。陳宰令其妻。過丞庁之次。諸妾環侍。談話間因語丞妻。以乞使令。欲借知事一妾。丞妻云。惟所択用。陳妻遂指似道母。丞妻幸其去。欣然許之。即随軒以帰県衙。及八月八日。似道生於県治。賈承檄往他郡。帰謁于宰。始知終之。不復入丞庁。後改任。雖携似道帰郷。而其母竟流落。及似道鎮維揚。子母方得聚会。享富貴数十年。咸淳甲戌以寿終。似道帰越治喪。朝士貴戚設祭饌。以相高為競。有累至数丈者。装祭之日。以至顛死数人。送葬者。値水潦不問。貴官没及腰膝。不得自便。雖理宗度宗山陵。無以過之。

（2）賈貴妃及び周漢国公主。宋史巻二四三、謝皇后伝に、
時賈渉女有殊色。同在選中。及入宮。理宗意欲立賈（中略）。〔謝皇后〕既立。賈妃専寵。
とあり、宋史巻二四八、公主伝に、
周漢国公主。理宗女也。母賈貴妃早薨。帝無子。公主生而甚鍾愛（中略）。乃選〔楊〕太后姪孫鎮尚主（中略）。帝欲時時見之。乃為主起第嘉会門。飛楼閣道。密邇宮苑。帝常御小輦。従宮人過公主第（中略）。〔景定三年〕薨。年二十二無子。帝哭之甚哀。
（3）似道の廷対。元の劉一清の銭塘遺事巻四、厳覆試の条に、
賈似道。嘉熙戊戌。以其姉貴妃之故。赴廷対。時貴妃在大内。廷対之日。節次当事人。供奉湯薬飲食。
（4）賈似道と理宗。宋史巻四七四、賈似道伝に、彼が両淮制置使として揚州にあったとき、宝祐二年頃のこととして、
威権日盛。台諫嘗論其二部将。即毅然求去。孫子秀新除淮東総領。外人忽伝。似道已密奏不可矣。丞相董槐懼。留身請之。帝以為無有。槐終不敢遣子秀。以似道所善陸壑代之。其見憚已如此。
（5）端平更化の失敗。銭塘遺事巻五、理宗升遐の条に、
上自臨御以来。始終崇奨周・程・張・朱諸儒義理之学。故廟号曰理宗（中略）。龍顔隆準。臨朝坐輦。端厳如神。端平初。励精為治。信向真〔徳秀〕魏〔了翁〕諸賢。廷紳奏疏。三学叩閽。悉経御覧。所言訐直。無不容受。間以罪斥。旋復収用。此其盛徳也。

とあり、いわゆる端平の更化とは、権相の史弥遠が死んだのを機会に、当時の輿論の動向に従って、真・魏諸儒を迎えて賢人政治を行おうとしたものであった。併しその結果は、癸辛雑識

前集、真西山入朝詩の条にあるように、
真文忠負一時重望。端平更化。人徯其来。若元祐之涑水翁也。是時楮軽物貴。民生頗艱。意謂真儒一用。必有建明。転移之間。立可致治。於是民間為之語曰。若欲百物賤。直待真直院。及童馬入朝。敷陳之際。首以尊崇道学正心誠意為一義。継而復以大学衍義進。愚民無知。乃以其所言。為不切於時務。復以俚語足前句云。喫了西湖水。打作一鍋麵。市井小児。囂然誦之。
また宋の羅大経の鶴林玉露巻三に、
端平間。真西山参大政。未及有所建置而薨。魏鶴山督師。亦未及有所設施而罷。臨安優人装一儒生。手持一鶴。別一儒生与之解逅。問其姓名。曰姓鍾名庸。問所持何物。曰大鶴也。因傾蓋懽然。呼酒対飲。其人大嚼洪吸。酒肉靡有孑遺。忽顛仆於地。群数人曳之不動。一人乃批其頰。大罵曰。説甚中庸大学。喫了許多酒食。一動也動不得。遂一笑而罷。
と徒らに笑柄となるに過ぎなかった。

(6) 理宗内廷の修内司について。銭塘遺事巻五、理宗升遐の条に、
在位既久(中略)。信方士。妄称五福太乙。自嘉定己巳。南内巽宮。臨呉越之分。作太乙宮。又作龍翔宮。集慶寺。以祈福。作湖上西宮。造御舟以備遊幸。作禁苑芙蓉閣香蘭亭。以供遊覧。又作閻賈二妃奉先功徳寺。極土木之功。専置修内一司。以内侍管領。望青伐木。自徳寿故宮。王邸戚里。民家墳塋。皆不免。又置修内司荘・御前荘。開献納之門。没入両争田土。名曰献助。実則白取。禁中排当頻数。娼妓傀儡。得入供応。宮嬪廩給。泛賜無節(中略)。其先朝耆艾。六字号夫人者。嘉定六百員。淳祐増至一千員。内蔵告乏。則移之封椿左蔵庫。

とあり、修内司については宋の兪文豹の吹劔録外集二に、

中興初。凡宮禁営繕。皆浙漕与天府共為之。紹興末漕臣趙子瀟奏。以其事帰修内司。本司歳輸二十万。其後節次至六十万。及嘉熙淳祐間。曾穎秀・趙崇賀・魏峻。相継領漕事。前後効尤。倍献其数。遂至一百六十万。而修内司又逐時。於左帑関撥。数尤不少。又不時行下天府。以某殿当修某柱当換。京尹則照例。進奉三十万。或四十万。

とあり、財源が涸渇すると外戚子弟を地方官に任じ、収斂せしめて羨余を献上させた。このことから必然的に修内司を中心として宦官が勢力を得て、やがて外事にまで容喙するに至った。斉東野語巻七、洪君疇（天錫）の条に、

方宝祐間。宦寺肆横。簸弄天綱。外閫朝臣。多出門下。廟堂不敢言。台諫長其悪。或餌其利。或畏其威。一時声燄。真足動揺山岳。回天而駐日也。乙卯〔宝祐三年〕元真〔謝方叔〕以公為御史。

とあり、洪天錫は監察御史として、天下の三患（宦官・外戚・小人）を去るべきを論じたが、反って敵の反撃に遇って職を辞しなければならなかった。この時宦官勢力を代表するものは董宋臣なる人物であった。宋季三朝政要、宝祐四年の条に、

上以御宝黄冊。催内蔵坊場銭。知厳州呉槩奏言。内蔵理財甚急。督促太峻。龍章鳳篆。施於帑蔵之催科。宝冊泥封。下同官吏之文檄。居万乗之崇高。而商財賄之有無。事雖至微。関係甚大。他時青史書之曰。以御宝督坊場銭。自今日始。何以為万世法。董宋臣諷台諫卲沢劾之。

（7）丁大全について。丁大全は宦官董宋臣に取入って手蔓を求めて理宗に知を受けた。宋史巻四一八、陳宜中伝に、

宝祐中。丁大全以戚里婢壻。事権倖盧允升・董宋臣。因得寵於理宗。

とあり、陳大方、胡大昌と相並んで台諫に任ぜられたので当時の人は之を三不吠犬と称したと言う。宋史巻四七四、丁大全伝に、彼は御史として、

劾奏丞相董槐。章未下。大全夜半調隅兵百余人。露刃囲槐第。以台牒駆迫之出。紿令輿槐。至大理寺。欲以此恐之。須臾出北闕。棄槐囂呼而散。槐徐歩入接待寺。罷相之命下矣。

という有様であった。かくして自ら相となったが、その当時のことは西湖遊覧志余巻二に、

丁大全作相。与董宋臣表裏（中略）。一日内宴。一人専打鑼。一人撲之曰。今日排当。不奏他楽。丁丁董董不已。何也。曰方今事皆丁董。吾安得不丁董。

（隅兵とは廂兵の意味であろう。廂を隅ということは光緒鄞県志巻八に見え、また明の王応山の閩都記巻三十二、羅源県の条に、国朝分城内為二隅、と見えている）。

（8）呉潜について。呉潜は宋史巻四一八に伝あり。嘉定十年の状元であり、淳祐七年には貢挙を司ったことあり、端平元年四月には兄淵と共に、違道干誉、任用非類の廉で弾劾を受け免官された。嘗て謝方叔と共に相となり間もなく罷めたが、開慶元年、蒙古の侵入にあい、

韃兵三道入寇（中略）。時相（丁大全）匿報若罔知。呉潜涕泣入奏（宋季三朝政要）。

丁大全に代って相となり、丁大全の党派を悉く朝廷から追い払おうとしたが成功せず、硬論派との板夾みとなって進退に窮した。硬論派の一人、姚勉の雪坡舎人集巻二十九に、上丞相呉履斎書（庚申三月十日）なる一篇あり。

昨者伏見。国子博士而下数人。以上書言事不遂。相率去国。此恐非明時所宜有。大宰相平日。為善類宗主。而可聴其若此乎。諸学官之所指者五人。其甚蓋董宋臣也。一閹不去而諸学官去（中略）。此閹去則諸学官自留矣。大宰相如曰。吾欲請去之。但恐上以為外廷有党。

是避嫌也。今豈避嫌日乎。

と言い、之と共に董宋臣弾劾の一文を草したのが、同集巻三、擬上封事である。その文の終に、

時三月十一日也。学官去。館中有書援之。通進司弗受。復自草此書。欲明日伏闕。而十一日晩。已有逐董之命。遂不果上。

と説明している。

(9) 度宗立太子問題。宋史巻四二五、劉応龍伝に、

理宗久未有子。以弟福王与芮之子為皇子。丞相呉潜有異論。帝已不楽。

とあり、また癸辛雑識後集、魏子之謗の条に、

当呉毅夫〔潜〕為相日。穆陵〔理宗〕将建儲。呉不然之。欲別立汗阺承宣。専任〔魏〕方甫。以通殷勤。

とあって、呉潜が立てようとしたのは汗阺の承宣とのみで何人であるか判明しない。併しこの意見の相異が致命傷となり、彼は政敵の沈炎から弾劾され、また賈似道の密奏によって相位を奪われたのである。

夏四月戊戌朔。侍御史沈炎。疏呉潜過失。以忠王〔度宗〕之立。人心所属。潜独不然。章汝鈞対館職策。乞為済邸立後。潜楽聞其論。授汝鈞正字。奸謀叵測。請速詔賈似道。正位鼎軸。詔朱熠・戴慶炣。輪日判事。大政則共議以聞（宋史本紀景定元年条）。

時上与似道。密往復。外廷不得預聞。以宰相不知辺報。為〔呉〕潜罪。夜半片紙。忽従中出。呉潜除職与郡（宋史翼巻十七、方逢辰伝）。

(10) 打算法について。宋季三朝政要巻三、景定元年の条に、

兵退行打算法。賈似道忌害一時之閫臣。故欲以此汚之。向士璧守潭城費用。委浙西閫打算。

趙葵守洪。則委建康闔馬光祖打算。江閫史巌之・淮閫杜庶・広西帥。皆受監銭之苦。累及妻子。徐李杜追繫獄。杜死後。追銭猶未已也。

とあって、一時の人はみな賈似道の行過ぎを責めたと見えるが、恐らくそれは官界の同情にすぎず、一方当時宋軍の無規律なりしを思えば当然の処置であった。この事は姚勉の雪坡舎人集巻四、奏劄の貼黄に、

去年漢鄂諸将。属大臣統隷者。固皆整然有紀。至於朝廷調遣趨江湖者。臣但見左金吾〔夏貴〕一軍秋毫不犯耳。其余所至貪暴。掠子女攘貨宝。甚於寇也。道路之間。邸舎狼藉。生意蕭然。幸不遭虜禍者。乃遭兵禍。豈不重失陛下之人心哉。臣州瑞陽。積峙頗厚。銅鑼累数十鉅万。倉米亦可三十万。韃無所用也。小校呉思忠。江東西宣閫。本遷之戌予章没口。聞虜已去瑞。乃不稟宣閫之命。提兵往来。自謂虜退之後。例有検括。盗倉廩府庫之銭粟。発城市富民之窖蔵。連艘稛載而去。李虎継至摂郡。又尽其所未尽者而席巻之。毫孔靡有遺者。遂使瑞陽無力可以修復。合挙城築。為之孔艱。今摂郡之将。雖竄南荒。所得既充。未失為富。而作俑之偏校。猶漏網者。朝廷不知也。臣願陛下。自今出師。戒飭将臣。必用軍律。（臣奏云。臣初亦不欲顕斥其人。然念事君勿欺。不敢不直言其事。玉音曰。須要施行。）

とあり、同書巻三十二、与太守陳監簿にも同じ事実が述べてあって、これが一般民間の輿論であったのである。

(11) 賈似道の人事。賈似道は最後に失敗したので後世にはひたすら悪様に言われ、宋史姦臣伝に載せられる程であるが、彼が始めて相位を正した頃の人気は空前のものであった。特に彼の人事については、姚勉の雪坡舎人集巻三十一、答安撫徐矩山〔経孫〕書（庚申景定元年）などについて当時の評判の一斑を伺うことができる。

有如先生。時之正人。朝之重望。与西澗葉〔夢鼎〕先生。在履斎〔呉潜〕更化之初。蓋天下擬其為第一番召客矣。払鬱公論。以至于今。今右相〔賈似道〕還朝。無日不委曲為諸賢地。於是当召者始召。而先生与西澗先生。首在弓旌之招矣。前日公論之鬱者。至是而始舒。朝野蓋共為之慶愜也。抑斎〔愚？〕意一二先生還已就治否。但所慮者。抑斎〔陳韡〕老先生。未肯便出耳。愚意謂不如帰此二大老於朝。細氈広廈。珍間之館以佚之。別命時賢。為先生及西澗先生之代。然後為得。但未知愚説得行与否也。履斎此番再相。声誉頗減於前。不甚悪丁〔大全〕之党。而善類曾仕於謝〔方叔〕之時者。毎以為謝之党。〔中略〕今右相則不然。内無私人。外無雑客。進擬必詢於衆。必出於公。除目日有快人意者〔中略〕。今庸斎〔趙汝騰〕已不来。西澗又未至。在朝幸有王脩斎〔爚〕・江古心〔万里〕・劉朔斎〔震孫〕及洪恕斎〔汪綱？〕数公耳。而楊平舟〔棟〕已召。可繫天下之望。更得先生与西澗先生蚤入。気脈必漸完復也。

とあり、同書同巻、答提刑李後林書にも、

秋壑〔賈似道〕先生帰相。甚加意人才。如庸斎先生之得温陵。陳千峯之帥広右。平舟西澗矩山三先生之有召命。皆委曲為諸賢地也。趙徳夫之為秘書。欧陽巽斎〔守道〕之為検閲。陳和平之為架閣。又専以恬退而加旌録。近時後村〔劉克荘〕復以秘書監召。日閲除目。多是快活条貫。使天福宗社。政本尽由中書。太平日月可冀。

と言って賛辞を呈して惜しまない。併し乍らその結果は実際政治に疎い空論家のみを政府へ集めたことになり、宛かも南朝の貴族政治のような状態を彷彿させた。癸辛雑識続集下、道学の条に当時の風を述べて、

凡治財賦者。則目為聚斂。開閫扞辺者。則目為麄材。読書作文者。則目為玩物喪志。留心

政事者。則日為俗吏。

とあり、同書後集、賈相制外戚抑北司戢学校の条には、

崇奨道学旌別高科之名。而専用一等委靡迂緩不才之徒。高者談理学。卑者矜時文。略不知兵戦政刑為何物。垢面弊衣。冬烘昏憒。以致靡爛漸尽。而不可救薬。

(12) 宋朝廷の繁文褥礼。宋代では高官は任ぜられる毎に一応は辞退することが例になっていた。朝野類要巻一、典礼に、

正謝。凡宰執侍従。命下之日。即日赴新局。当時便回。却上辞免表奏之。後朝命不允而已受。方始正行朝謝。

とあり、この例は北宋から行われて居り、南宋末に最も甚しかった。宋史巻四十六、度宗本紀咸淳四年正月の条に、

庚戌詔曰。邇年近臣。無謂引去以為高。勉留再三。弗近益遠。往往相尚。不知其非義也。亦由一二大臣。嘗勇去以為衆望。相踵至今。孟子於斉王不遇故去。是未嘗有君臣之情也。然猶三宿出昼。庶幾改之。儒者家法。無亦取此乎。

とあり、この頃辞譲の例が風をなしていたが、これは賈似道の奔競を消すという政策が実を結んだとも言えるのである。

(13) 賈似道、外戚宦官を抑う。宋季三朝政要巻三、景定元年の条に、

賈似道入相。理宗之季。官以賄成。宦官外戚用事。似道為相年余。逐巨璫董宋臣李忠輔。勒戚畹帰班。不得任監司郡守。百官守法。門客子弟斂迹。不敢干政。人頗称其能。

とあり、宋史賈似道伝にも、

似道入。逐盧〔允升〕董〔宋臣〕所薦林光世等。悉罷之。勒外戚。不得為監司郡守。子弟

門客斂跡。不敢干朝政。

また癸辛雑識後集、賈相制外戚抑北司戢学校の条に、

外戚諸謝。惟堂最深嶮。其才尤頡頏難制。似道乃与之日親狎。而使之不疑。未幾不動声色。悉換班。堂雖知堕其術中。然亦末如之何矣。北司之最無状者。董宋臣李忠輔。前是当国者。雖欲除之。往往反受其禍。似道談笑之頃。出之于外。余党慴伏。惴惴無敢為矣（中略）。福邸帝父也。略不敢以邪封墨勅乞恩沢。内廷無用事人。外閫無怙勢之将。宮中府中。倶為一体。凡此数事。世以為極難。而似道乃優為之。謂之無才可乎。

とある。但し賈似道が董宋臣を外に出したと言うのは誤りで、これは彼の入相以前のことである。彼は寧ろ窮寇を追わぬ方針で、一旦外に出された董宋臣を呼び戻しているのである。李忠輔を追ったのは宋史本紀によれば景定五年のことであり、その罪状には外戚謝堂も関係していたが、賈似道は殊更に看過し、謝堂の宥免歎願に対して、節度無慮、と言って笑ってすませた（斉東野語巻十八、長生酒）。

然るに本文後段で述べるように明の陳邦瞻の宋史紀事本末巻一〇二、蒙古南侵の条には賈似道の事跡を全く書き換えて、

似道既相。引薦奔競之士。受納賄賂。寘諸通顕。又引外戚子弟。為監司郡守。

と反対な事実を述べたてて居り、恐らく一般の通史にはこのような明人の史観が現今も支配しているのではなかろうか。なお賈似道が学校を操縦したことについては拙著、アジア史研究第一、宋代の太学生生活〔全集第十巻所収〕、参照。

(14)　和糴と会子。南宋時代、民間から強制的に軍糧を和糴するには、現銭を用いることは殆んどなく、概ね会子などの有価証券によった。建炎以来朝野雑記甲集巻十五、東南軍儲に、

紹興元年（中略）。命戸部本銭。下江浙湖南。和糴米以助軍儲。所謂本銭者。或以官告。或以度牒。或以鈔引。

とあり、本銭と言っても銅銭のことでなかった。鈔引は即ち後の会子である。されば会子は次第に濫発され、濫発されると共にその価値が低下した。宋史巻四二三、王邁伝に、

乾淳初行楮幣。止二千万。時南北方休息也。開禧兵興。増至一億四千万矣。紹定有事山東。増至二億九千万矣。

とあり、宋史巻一八一、食貨志会子の条には、

紹定五年。両界会子。已及三億二千九百余万。

とあり、以後は更に加速度で増発されたのである。従ってその価値も、建炎以来朝野雑記甲集巻十六、東南会子の条に、

今〔淳熙十三年〕江浙会子一千。率得銅銭七百五十。湖北会子五六百。

とあって、淳熙年間には額面の五、七割の価値を有したものが、最後には百貫文の会子が僅かに一酔に替えるのみという状態になった。

(15) 経界法について。宋代は地籍の紊乱が甚しく、時々経界を正す方法が講ぜられたが何れも成功しなかった。建炎以来朝野雑記甲集巻五、経界法によれば、既に南宋初期から、

紹興十三年。仲永〔李椿年〕上疏。言経界不正十害。一侵耕失税。二推割不行。三衙前及坊場戸。虚換抵当。四郷司走弄税名。五詭名寄産。六兵火後税籍不信。争訟日起。七倚閣不実。八州県隠賦多。公私倶困。九豪猾戸自陳。税籍不実。十逃田賦偏重（中略）。平江歳入。昔七十万斛有奇。今実入才二十万耳。詢之土人。其余皆欺隠也。

とあって、これによれば、国都臨安に近い蘇州においてさえ、三分の二の田地が欺隠されてい

たことになる。その結果は勢い貧戸に税が重くかかることになるから、政府としては実測を行って地籍を正確にする必要があり、それが経界法であるが、いよいよ之を実施すると反って上流社会に不評判であった。

(16) 賈似道の専権。宋史賈似道伝に、
除太師平章軍国重事。一月三赴経筵。三日一朝。赴中書堂治事。賜第葛嶺。使迎養其中。吏抱文書就第署。大小朝政。一切決於館客廖瑩中・堂吏翁応龍。宰執充位。署紙尾而巳。
とあり、彼の独裁的権力が確立すると、宋代常に宰相の地位を脅していた台諫も慴伏してしまった。銭塘遺事巻五、台諫応故事の条に、
以季可為察院。時賈相当国。益忌台諫言事。悉用庸懦易制者為之。弾劾不敢自由。惟取遠小州太守及州県小官。毛挙細故。応故事而巳。
とあり、更に己の権力を固めるために、時々辞職を願って天子を脅した。宋史賈似道伝に、
又乞帰養。大臣侍従。伝旨留之者。日四五至。中使加賜賚者。日十数至。夜交臥第外以守之。

(17) 賈似道の骨董趣味。賈似道は古美術を愛好し、葛嶺の私第に多くの逸品を集めたが、現今もそのある物が伝来して彼の印記を存している。癸辛雑識後集、向氏書画の条に、
向氏后族也。其家三世好古。多収法書名画古物（中略）。長城人劉瑄（中略）。言之賈公。賈大喜。因遣劉。誘以利禄。遂按図索駿。凡百余品。皆六朝神品。遂酬以異姓将仕郎一沢。〔向〕公明稛載之。以為謝焉。後為嘉興推官。以臓敗而死。其家遂蕩然無孑遺矣。

また同書後集、賈廖碑帖の条には彼が婺州の王用和に命じて定武蘭亭帖を復刻させたことが見えている。その出来がよかったので、用和に賞するに勇爵を以てし、金帛も之に称うと言って

いる。彼は奔競の士を抑えたが、彼にも弱点があったので、この方面から取入られると脆かったようである。宋史賈似道伝には、

趙滑輩。争献宝玉。陳奕至以兄事似道之玉工陳振民。以求進。

と見えている。併し同じ所に、

吏争納賂求美職。其求為帥閫監司郡守者。貢献不可勝計（中略）。一時貪風大肆。

とあるのは事実ではあるまい。

(18) 宋元の暦日について。元の阿朮の軍が揚子江を渡ったのは宋の記録に従えば咸淳十年十二月十四日丙辰のことであり、元の記録に従えば、至元十一年十二月十三日乙卯のことと記される。即ち、宋周密の癸辛雑識前集、賈母飾終の条に、

至十二月十四日。北軍透渡。

とあり、然るに元文類所収、経世大典序録、平宋の条に、

〔十二月〕十三日。復攻陽邏堡。伯顔密謀阿朮曰（中略）。今夜汝以鉄騎三千。汎舟泝覗上流（中略）。遂以昏時。溯流二十余里（中略）。遂得南岸（中略）。十四日黎明。阿朮遣報。

とあり、十三日の干支は平宋録によれば乙卯である。このような両国の記録における一日の相違は、単にこの際における偶然の齟齬ではなく、ずっと長い期間に亘って、中国と北方民族との暦が一日ずつ食い違っていた所から来ているらしい。その抑もの始まりは宋と遼との間の相違である。石林燕語巻三に、

契丹暦法。与本朝素差一日。熙寧中蘇子容。奉使賀生辰。適遇冬至。本朝先契丹一日。使副欲為慶。而契丹館伴官不受。子容徐曰。暦家遅速不同。不能無小異。既不能一。各以其日為節致慶。可也。契丹不能奪。遂従之。帰奏。神宗喜曰。此事難処。無踰于此。其後奉

使者。或不知此。遇朔日有不同。至更相推謁而不受。非国体也。

とあり、然るに同書巻九には全く同じような話をのせて、それは元豊中のことだとし、而も虜暦の方が一日早かったので、先方から慶賀を催促されたと記し、最後にこれは契丹暦の方が正しかったのだと結んでいる。これも単に一回だけの齟齬ではなかったのは、その書き出しの数語によっても判るが、この食い違いが実に長く、金を経て元代にまで及んだものである。鉄函心史、大義略叙に、

韃近襲金人暦法。差於我朝頒暦一日。

と言っている。そこでいま宋と遼金元の暦とを比較すると、置閏の異同だけではないらしい相異が両者の間に存する。宋の陸遊の家世旧聞に、

楚公言。遼人雖外窃中国礼文。然実安於蛮夷之俗。南使過中京。旧例有楽来迎。即以束帛与之。公以十一月二十日至中京。遼人作楽受帛自若也。明旦迓使輙止不行。曰国忌行香。公照案牘。則胡忌正二十日也。因移文問。胡曰。去年昨日作忌。今年今日作忌。何為不可。蓋利束帛。故徙忌日耳。

とあり、これは宋の十一月二十日が遼よりも一日早く到達したことを言っているので、正に先の蘇子容の場合と同一である。

宋暦と金暦との異同は、金源劄記の中に屢々考証が行われているが、上述のような類例は適当なものが見出せない。

南宋の末期に当り、宋と蒙古との間に交渉が頻繁となると、同一の事件で、一日ずつ日付のずれた例が多く見出される。

景定五年（一二六四）秋七月、天に彗星が現われて世上を騒がせたことがあったが、宋側の

記録は、

景定五年秋七月甲戌。彗星出柳（宋季三朝政要巻三）。景定五年甲子。七月初二日甲戌。彗見東方柳宿（斉東野語巻十七）。

とあり、七月二日甲戌であるが、同じ彗星を、当時宋領内の真州に幽囚されていた元使郝経が見た記事では、

長星行。甲子歳。七月一日始見。九月十六日没（郝文忠公集巻十二）。

とあり、一日のずれがある。更に宋の徳祐二年、元の至元十三年（一二七六）、宋の臨安が陥る時の記事について、宋史と元史の本紀の記事を比較すると、

〔宋史〕二月辛丑（十五日）率百官拝表祥曦殿。詔諭郡県。使降大元。

〔元史〕二月庚子。宋主㬎。率文武百僚。詣祥曦殿。望闕上表。乞為藩輔。

とある。更にその翌日のことについて、

〔宋史〕壬寅。猶遣賈余慶・呉堅・謝堂。充祈請使。

〔元史〕辛丑。宋主㬎。遣其右丞相賈余慶等。充祈請使。

とある。更に宋主が上都に到着して、元の世祖に朝覲したことは、宋史本紀及び銭塘遺事巻九丙子北狩の条に、

〔宋史〕五月丙申。朝于上都。降封開府儀同三司瀛国公。

〔遺事〕五月初二日。作初見進貢礼儀。

とあって、五月二日丙申たること疑いないが、元史本紀ではこれを、

〔元史〕五月乙未朔。伯顔以宋主㬎至上都。制授㬎開府儀同三司検校大司徒。封瀛国公。

として、五月一日乙未の日付にしている。新元史はこの最後の条を二分して、伯顔から上都ま

でを乙未の条に留め、制授以下を丙申の日付の下に移したのは大きな誤りである。正史本紀の書法として、このような場合、伯顔云々の九字は挿入句に過ぎず、朔の日付は直接に制授にかかることは言うを要せぬ。要するに、宋代、殊に宋末の記録において、宋と北方とは、全体の日付が一日宛ずれていたことを考慮しなかったことから来た誤謬である。

併しながら、この事実から正しい解釈を引き出すことは極めて困難である。もしも宋元の記録の比較に現われているように、日付が数字と共に干支までが一日ずれていたとすると、中国の干支は宋元の交替の時に同一干支の日が二日重なったことになる。併しこれは一寸考えられぬことなので、本来は干支は共通であり、ただ数字の日付だけが長期に亘って一日ずつ、ずれていたのを、後に記録を整理して干支を書き加える際、干支日付対照表に宋の暦をそのまま用いたために計算し損ねたのであろうか。もしそうとすれば、置閏法の不規則な太陰陽暦のことであるから、一日位の差異は後にいくらも取戻せるのである。それにしても、以上に述べた事実は、例えば銭大昕に倣って、宋遼金元四史朔閏攷のようなものを造り、或いは三正綜覧のような長暦を作成する際に深く注意すべき事柄である。

(19)　宋末の士風。宋の孝宗は当時の士大夫に西晋の風ありと言ったことが、建炎以来朝野雑記乙集巻三、孝宗論士大夫の条に見え、癸辛雑識続集下、道学の条には著者周密の先輩沈某の言として、賈似道時代の士風が、

異時必将為国家莫大之禍。恐不在典午清談之下也。

と予測されたことを記すが、この予言は南宋滅亡の際に事実となって現われた。いま宋史巻四十七、瀛国公紀徳祐元年の条を見て行くと、国家危急の際に当って大臣が逃亡する者相ついでいる。

二月辛未。右丞相章鑑遁。

三月丙子。侍御史陳過請竄賈似道（中略）。不俟報而去。

庚寅。左司諫潘文卿・右正言季可・同知枢密院曾淵子・両浙転運副使許自・浙東安撫王霖龍。相継皆遁。簽書枢密院文及翁・同簽書枢密院倪普。諷台臣劾己。章未上亟出関遁。

辛卯。命在京文武官。並転両官。其畔官而遁者。令御史台覚察以聞。

十一月甲午。権礼部尚書王応麟遁。

乙未。左丞相〔留〕夢炎遁。

十二月庚申。権吏部尚書丁応奎・左侍郎徐宗仁遁。

徳祐二年三月庚午。同簽書枢密院事黄鏞・参知政事陳文龍遁。

辛未。命呉堅為左丞相兼枢密使。常楙参知政事。日午宣麻慈元殿。文班止六人。

癸酉。左司諫陳孟虎・監察御史孔応得遁。

己卯。参知政事常楙遁。

庚辰。簽書枢密院夏士林遁。

甲申。是夜丞相陳宜中遁。


とあり、最後まで踏止まったのは、書生上りの若手政治家で急に丞相参政に任ぜられた者であるが、彼等と雖も、鉄函心史大義略叙の条に記す所によれば、

伯顔脅全太后幼君。出国門。丞相呉堅賈余慶。参政家鉉翁劉岊。以下官僚。並奏乞封贈三代及妻拏。太后従之。

とあり、この際に及んでもなお虚名を貪るのを已めなかった。

(20)　宋の降臣と元の世祖。元史巻九、世祖本紀至元十三年二月庚申の条に、

帝既平宋。召宋諸将問曰。爾等何降之易耶。対曰。宋有強臣賈似道。擅国柄。毎優礼文士。而独軽武官。臣等久積不平。心離体解。所以望風而送欵也。帝命董文忠答之曰。借使似道実軽汝曹。特似道一人之過耳。且汝主何負焉。正如所言。則似道之軽汝也固宜。

Ⅲ　資本家と地方官

五代史上の軍閥資本家——特に晋陽李氏の場合

五代という時代は中世的な唐から、近世的な宋へ移る過渡の時代である。これを別な角度から眺めると、社会の上層部において世襲的な貴族勢力が崩壊して、新たに官僚的な士大夫階級が成立する中間に、軍閥が勢力を占めていた時代である。而してこの軍閥は単に一介の武夫たるに止まらず同時に資本家であって、当時社会の富力は彼等軍閥の手中に握られていたことを看過してはならない。この点において、彼等は恰も民国初年の、直隷派・奉天派その他大小の軍閥割拠の状況を彷彿せしむるものがある。彼等は一面には莫大な資産家であり、その財力を以て私の軍隊を動かし、その軍隊を利用して、私の財産を掻き集めて私腹を肥すに余念がなかった。

五代の形勢は勿論突如として出現したものでなく、既に唐末から各地方の節度使は兵馬財政の権を掌握し、兵力を以て封疆を固め、領内の財力を以て部下の軍隊を養い、宛然小独立国の観を呈していたのであって、それが歴史的な唐王朝の滅亡という大事件によって、判然と明るみに出たというに過ぎない。そうして這般《しゃはん》の形況は、具体的な実例をとって、描写を試みることが、何よりもヴィヴィッドに当時社会の大勢を理解するに役立たしむるであろう。この目的の為に屈強な資料を提供するのが晋陽の軍閥資本家李嗣昭一族の場合である。

唐末、黄河沿岸の南北、所謂中原地方には三大系統の軍閥が割拠していた。第一は河南軍閥の朱全忠であり、その兵力は嘗て唐の天下を大混乱に陥れた叛賊黄巣の部下の換骨奪胎したものに外ならぬ。第二は河北軍閥であり、魏博地方を中心とするが、これは先に玄宗の時代天宝の大乱を惹き起した安禄山・史思明の余孽《よげつ》である。第三は山西軍閥の李国昌・李克用父子であり、これは北方より新たに流れ込んだ異民族沙陀《しゃだ》部族を中心とする新興勢力である。その中で河南軍閥が先ず地の利を得て最も強く、遂に朱全忠は唐室を簒奪して、後梁王朝を立てたのである（西紀九〇七年）。而して河北軍閥はこれに追随して、後梁の主権を認めたるに反し、山西軍閥の李克用は朱全忠と個人的な宿怨もあって、徹頭徹尾反抗態度を示し、朱全忠を目するに逆賊を以てし、自ら晋王と名乗って相下らず、絶えず朱全忠の後梁に戦を挑んで来たのであった。されば後梁は、大体黄河沿岸の中原を掩有して正統王朝を名乗ったとはいうものの、山西省方面に一大敵国を控えているので、瞬時も枕を高うして眠ることの出来ぬ状態であった。

晋王李克用の根拠地は、山西省の中部晋陽であって、また太原とも呼ばれる。その東方の河北軍閥は、後梁に与しているので、両面に敵を受けることになり、山西のような山地に立籠った李克用の勢力は、始めの間は兎もすれば後梁に圧倒され勝ちであった。

李克用は当時何れの軍閥にも流行した風習に従って、多くの義子を持っていた。彼が最後まで後梁の圧迫に対抗しおおせ、実子の李存勗《りそんきょく》の時になると、反って勢力を挽回して、後梁を顚覆するに至ったのは、かかる義子輩の尽力による所が多かった。彼の義子の中、李存孝が最も驍勇であり、それが罪を獲て殺された為に彼の兵力が一時不振に陥ったのは有名な佚話である。今問題にしようとする李嗣昭は、李克用の弟なる李克柔の義子であった[1]。

李嗣昭は氏素性もはっきりしない。新五代史によれば汾《ふん》州太谷県の民家の子で、本姓は韓氏だとある。李克用が嘗て狩猟に出て、山間の民家に至り、適〻そこに男児が生れたので、金帛を出して買い取って帰り、弟李克柔に与えて養育せしめたのが李嗣昭であるという。身の丈は普通よりも低かったが、胆勇は人に過ぎ、屢〻戦功を立てて、李克用に寵愛された。だから李嗣昭は、李克柔の義子というよりも、寧ろ李克用の義子といった方が適当かも知れない。新五代史の義児伝の序では、明らかに、李克用の養子の一人として数えている。

嘗て晋軍利あらず、敵党朱全忠の軍が破竹の勢で山西に侵入し、李克用の根拠地太原を囲んだ時、部下将領の或者は北の方雲州に走らんといい、或者は遠く契丹に逃れて再挙を計らんなどの議を出したが、李嗣昭は飽迄太原固守を主張して譲らず、ゲリラ戦術を用いて敵を悩まし、漸く侵入軍を撃退することが出来た（天復元年、西紀九〇一年）。李克用が歿すると、実子存勗が晋王の位を嗣いだが、この困難な時期に当って、国勢を支えたのは、一に李嗣昭の力によるといってよい程であった。

李嗣昭の妻楊氏は非常な賢夫人であった。殊に蓄財に妙を得て、その家財百万に至り、李嗣昭が李存勗を輔けて後梁と困難な戦争を続け得たのは、その家財による所が多かったというから、結局晋国を維持して後梁に当らせたのは、一婦人楊氏の働きが多きに居るといっても過言でない。

李嗣昭は後に契丹との戦いに傷を受けて歿し、第二子継韜《けいとう》が、兄継儔《けいちゅう》をおしのけて家督を相続した。彼は父のあとを受けて昭義軍留後となり、父の部下の軍隊をも掌握したが、彼は如何なる天魔に魅いられてか、突如亡父の志を裏切って敵国の後梁に款を通じた。当時後梁は太祖朱全忠が歿して、末帝の時代であったが、大いに喜んで継韜の降を受け、彼を同中書門下平章事に拝した。継韜は二心なきを明らかにする為、その二子を後梁に送って人質とした。抑も彼が何故にかかる突飛な行動に出たか、その理由は明らかでない。後梁の方が常に優勢であったから、ゆくゆく晋が圧倒さるべきを予想して、いち早く転身を計ったのだと五代史は説明するが、実はもっと複雑な裏面の事情があったのかも知れない。恐らくそれは、兄弟間の遺産分配にからまる家庭紛議が政治面にまで発展したものかと思われる。長子李継儔を排して次子継韜が家督を相続した経緯は明らかでないが、かかる際には色々な陰謀の伏在が予想されるのである。

所で天下の形勢は意外に逆転して、河北軍閥が寝返って後梁に叛き晋に与《くみ》した為、晋王李存勗は遽かに勢力を挽回し、連戦後梁軍を破り、遂に敵の都の開封を陥れた。後梁の末帝は自殺して国亡び、晋王李存勗は帝位につき、国号を改めて唐と称した。

これ史上にいう後唐の荘宗である。

李継韜は大いに当惑して去就に迷ったが、弟の継遠が、部下の軍隊と共に潞《ろ》州に立籠って独立を画せんとの議を立てしを退け、母の楊氏の忠言に従って、後唐に帰順する決心をした。母楊氏はこれまでも引続き太原にあって蓄財に余念なかったと思われるが、この時愛子の急を聞いて、銀数十万両を持参し、継韜と共に都に出で、先ず天子側近の宦官伶人を買収し、後宮にも運動して泣きをいれた。荘宗も大赦令を天下に発布した後ではあり、遂に人言に動かされて、李継韜の罪を赦すことに同意したのであった（西紀九二三年）。

実はこの時、天子の荘宗にも困る事があった。それは折角戦功を立てた部下の将士に対し、賞賜を与える財源がないことであった。後梁との連年の戦争の為に、国庫は窮乏し、土地も荒廃しているので、このうえ人民を搾取するにも手段がない。部下の軍隊に対しては、李継韜の貯蓄を取って賞賜を与えようと公言していた位なので、今李継韜が帰順して来たのを幸い、穏便に纏った金を捲ることが出来れば寧ろその方が得策だとも考えたのであろう。この時の李継韜の身代金がどれ程についたか、記録に伝える所がないが、蓋し莫大なものがあったであろうと想像される。

荘宗は李継韜の助命は許したが、身柄を都に軟禁して警戒を加え、彼の部下の軍隊のいる潞州へも、母楊氏のいる太原へも帰さなかった。継韜は時々天子に召されて狩猟に従って出たが、恐らく針の筵に坐する心地がしていたであろう。一方潞州に居る弟の継遠は、始めから帰順に賛成しなかったので、潜かに継韜と気脈を通じ、故意に軍中に兵変を惹起させ、朝廷がその鎮撫の為に、李継韜を将として差し向けるように芝居の筋書を立てた。所がこの計画は途中で暴露し、継韜、継遠の兄弟が逮捕され、先に後梁に人質となっていた継韜の二子と合せて、みな死刑に処せられた。

所で潞州には李嗣昭・李継韜二代に亙って訓練した軍隊が居る。彼等はこの朝廷の処置に不満を抱いている所へ、更に朝廷から国境方面へ向って出動命令が下ったので愈〻疑心を生じ、楊立なる者が衆を集めて兵変を惹き起したが、これは朝廷に先手を打たれ大事に至らずして鎮定された。この楊立の素性は明らかでなく、李継韜の母楊氏と何か関係がありそうに思えるが、記録には伝わっていない（旧五代史巻七十五）。

さて二兄李継韜、末弟継遠の兄弟が殺されると、そのあとの家督相続は、逆に長兄李継儔へお鉢が廻った。彼は生来が懦弱であった為、先に弟に幽閉されて、当然嗣ぐ可き家督を奪われた程であるが、今度相続者になると、急に勢いづき、先の仕返しとでもいう心算か、継韜の個人的財産を悉く侵奪した上、妻妾までも強占し、なお隠匿した財産がないかと探し廻ったものである。あまりのことに見兼ねた弟の継達が、激怒のあまり、喪服のまま、兵数百騎を率いて乱入し、継儔を殺し、勢の赴くまま、潞州に拠って一旗挙げようと謀ったが、これは成功せず、契丹に走らんとして又果さず、遂に途中で自殺した。

当時彼等の母楊氏はまだ健在であったが、その子供等はかくして互いに殺し合った揚句、あとには三弟継忠、四弟継能、五弟継襲だけが生き残った。所がまだまだ不幸は続くので、天成年間の始めに母楊氏が歿すると（西紀九二六年）、当時相州刺史の任にあった四弟継能は喪に服するという名目で、実は何よりも遺産相続の目的の為に急遽太原に馳せ帰って資産目録を調査し、母の会計係の婢を責めて金銀の所在を吐かせようとし、遂にこの婢を笞うって死に至らしめた。家人はよって此事を政府に告訴し、且つ継能は兵を集めて謀叛の計があると告げたので、継能とその同謀の五弟継襲は捕えられて誅戮された。かくして多くの兄弟の中、病身の継忠只一人だけが反って後に生き残って、僥倖にも莫大の遺産を独占相続することが出来た。

思えば一婦人楊氏の手腕によって築き上げた李嗣昭一家の財産は、恰も神通力をもった魔物のように、次々に社会上に波瀾を捲き起して荒れ狂ったものではある。始めは晋国の命脈を困難の中に維持して聽てこれを後唐王朝にまで発展させる基礎をつくり、次には晋国柱石の臣であった李嗣昭の子継韜をして、本国に叛いて敵国に降らせ、後唐王朝の成立に当って帰順した彼は間もなく殺されたとはいえ、その資産は一時後唐の財政難を緩和するに足り、李継韜の死後も潞州の叛乱を起させ、結局彼等兄弟数人を駈って互いに相屠戮せしめたものである。かかる間に李氏の財産は次第に滅耗したと思われるが、而もなお且つ、話は此処で終ったのでなく、まだ先へ続くのである。

後唐の荘宗は折角骨を折って敵国後梁を亡して、後唐王朝を建設したが、天下を取って了うと慢心が萌して、軍隊の心を失い、内乱が起って身は弑せられ、叛乱軍に擁立された李嗣源が代って位についた。これが明宗であるが、彼も亦、数多い李克用の義子の一人であり、荘宗とは義兄弟の仲である。明宗一代は平穏に過ぎたが、その子閔《びん》帝の時に至り、明宗の養子なる李従珂《りじゅうか》が謀叛を起し、閔帝を殺して帝位についた。明宗の一女は石敬瑭に嫁して居り、石敬瑭は河東節度使に任ぜられて晋陽にあって、原来李従珂と折合いが悪かったが、李従珂より警戒を加えられて居るのを知って、先んじて兵を挙げて叛した。石敬瑭は契丹に請うてその援兵を借り、遂に後唐の兵を破って都洛陽に入り、李従珂は自殺して後唐亡び、石敬瑭代って帝位に即くが、これ後晋の高祖である。

彼は契丹の援助によって帝業を成したので、その謝礼として、所謂燕雲十六州を割譲して後世に禍根を残したのは史上に有名な事実である。彼の参謀であった劉知遠などは、始めからこの割地に賛成せず、一時的な贈与で事を済ませたい意見であったが、石敬瑭にはそれが出来ない事情があった。それは極端な軍資の欠乏である。

挙兵の始めに当って、彼の手にはあらゆる物資が欠乏していたらしい。そこへ契丹の騎兵が援助に来たが、これにも慰労金を出さねば働いてくれぬ。そこで目をつけたのが李継忠の財産である。

李継忠は母楊氏の死後、最後の家庭悲劇が終ってから、晋陽に帰ってその財産を守っていた。石敬瑭は恐らく借用の名義で、併し実際は強制的にその財産の供出を命じた。人をやってその居第の壁を壊して、中に塗りこんで匿してあった金銀までも取り出したというが、お蔭で金銭紈素はいうに及ばず、巾《きん》屨《く》瑣《さ》屑《せつ》の物に至るまで、必要のものは悉く李氏の蓄積で間に合った上、契丹から来た騎兵にも謝礼を贈ることが出来た。後晋が天下を取り得たのは、一に李氏の財産の賜であったといえる。

後晋の高祖は即位の後にこの借金を返したかどうかは明らかでない。恐らくは返さなかったのであろう。その代りに、李継忠は病身であるにも拘わらず、高祖から特別の優遇を受け、単《ぜん》州刺史に任ぜられ、輸忠奉国という功臣号を賜わり、右神武統軍という近衛兵の大将になり、隰《しゅう》州、沢州の刺史となり、又右監門大将軍に任ぜられ、開運三年に都で歿した（西紀九四六年）。これから先の李氏一族の消息は史上に不明である。

但し後晋が契丹に亡ぼされ、後漢を経て後周の世に至って、李彦頵《りげんきん》という人がある。後周の太祖に仕え、権易使という財務官となり、世宗の時に延州兵馬留後となったが、あまりに勘定が細かすぎて人心を失い、殊に附近の蕃部が反感を抱き騒動を起して、あわや大事に及ぼうとした。幸い隣州からの応援で事なきを得たが、其後西京、泗州、滄州などの官に任ぜられ、到る所で処置乖方、大いに物情の鄙《いや》しむ所となったというが、明察厳刑の世宗が、これを不問に附しているのは甚だ訝《いぶ》かしい。或は彼が一方に非常な財政的手腕を有した為か、或は彼自身に国家に役立ち得る程の財産でも持っていた為かと思われる。彼は太原の人で、原来が商賈の出身であるといえば、或は李継忠と何等か関係のあった人ではないかとも想像されるが、記録が欠けているので確かなことは分らない。

後世では一口に五代五十四年というが、五代の王朝は後へゆくほど短命である。最初の後梁は十六年、次の後唐は十三年、続いて後晋は十一年、合せて三代四十年で、あとの後漢と後周を合せて二代十四年に過ぎない。晋陽李氏の財力が後梁・後唐・後晋三王朝の運命を左右したことは、いいかえれば、五代の約四分の三に及ぶ時期を動かしたことになる。而して李氏の財産は楊氏の手腕によることを思えば、一婦人の力が五代の形勢推移に大きな働きをなしたともいえる。婦人の力も亦偉大なるものがあるといわねばならぬ。

然らば次に、楊氏は如何にしてかかる莫大なる蓄積をなし得たかが問題であるが、遺憾ながらこれを明らかにする記録は殆んど存在しない。勿論当時の軍閥は、一方においては何れも資本家であって、その資本は地方的政権を掌握することにより、多くは人民を搾取して造り上げたものであるが、併し単なる搾取には自ら限度があって、軍閥必ずしも皆が楊氏のような大資本を形成するには至らない。そこで今、楊氏の蓄財の手段を想像せんとするならば、第一に彼女が根拠とした晋陽なる土地を考察する必要がある。

五代を通じて今の山西省、特にその中心となる晋陽は、非常な重要性を示している。五代の中、後唐、後晋、後漢の三王朝は何れも晋陽を根拠地として興り、後漢が中央で亡びた後も、その一族は此に立て籠って北漢なる独立国を形成し、而も宋が天下を一統する時に、最後まで残ったのはこの北漢であった。これは一つには、唐末より此処に沙陀部族が侵入定着し、夷狄の勇敢な気風が此地に保存された事情も考えねばならぬが、又同時に彼等を動かすに足る財力が此地に存在したことも認めねばならぬ。

山西省は現今でも鉄と石炭の産地として有名であるが、唐末五代にかけて戦乱の世には、武器製造の為の鉄、その製鉄の為の石炭が貴重視されたに相違ない。宋代になって、石炭を利用した磁州の窯業が盛大になり、汴京《べんけい》の居民が石炭を炊爨《すいさん》に使用したことを思えば、或は已に五代から火熱用として石炭の価値が認識されていたかも知れない。なおその外に注意さるべき山西の歴史的な特産品として、挙げらる可きは礬《みょうばん》であろう。宋代に於いて政府が礬の専売を行って少からぬ利益を獲たことは有名である。(2) それが宋の国初から実施されたのをみると、山西の礬が社会的経済的に重要な意義を有するようになったのは、五代から引続いてのことと思われる。礬は染色の定着剤としても必要であるが、また獣皮をなめす為にも用いられる。五代の戦乱の間には寧ろ、武器の皮革品製造の為に磬の需要が激増したであろうと思われる。皮革製品が武具として重要なのは古今変る所なく、五代以来、牛皮を民間から徴発し、宋代に及んでそれが牛皮税という名になって残っている。群雄割拠の時代には、たとえ敵国の手に渡れば武器となる性質の商品でも、屢〻国境を潜って、或は公然と敵国にある必要品と交換されるものであるから、山西の磬が天下に販路を拡張しても不思議ではない。晋陽李氏が扱った商品の中には恐らく鉄や石炭と共に、磬が入っていたと認めねばならぬ。

次に山西省の北部には銀を産した。一体華北には銀の産地が少いが、山西省五台山の附近に銀礦があり、五代末期にここに割拠した北漢は、五台の僧継禺の策を用い、柏谷という地にて銀山を経営し、その銀を契丹への歳幣としたが、毎年千斤即ち一万六千両であったといえば、全産額は更に多かったであろう(3)。所でこの銀礦は果して北漢の時代に始めて発見されたものか否か、明証を欠くが、或は晋陽の李氏の蓄財の一手段として、かかる銀山の経営があったのではないかと想像されぬでもない。兎も角李氏が多量の銀塊を所有していたことは事実である。

次に考えねばならぬのは、五代に於ける山西省の交通上に於ける特殊地位である。

抑も西域より東亜への交通は、玉門、陽関より甘粛、蘭州、長安、洛陽の線を以て中原に出るのを普通とするが、またその北方に平行して、額斉納《エチナ》、五原、包頭の線で山西省の北部から熱河方面へ出る交通線も存在する。元の時代には専らこの交通路が栄えたが、これは蒙古地方に強国が出現した自然の結果である。所で五代時代には熱河地方に契丹の勢力が勃興して、この国は西域とも密接な政治的経済的関係を有していたので、矢張りこの北まわり交通路が繁昌したと思われる。そういう時には山西省は、この交通大道から中原へ通ずる重要な一支線をなすので、決していつものような、つんぼ桟敷ではなかった。反って契丹の隆盛につれて、契丹を顧客とする国境貿易において山西省は絶好の地位を占めているといってもよい。

かかる点を考えてゆくと、晋陽の地が、五代の間に三王朝の創業の根拠地となり、一僭偽国の都となり、その間に、李氏のような大資本家を出したことも、決して偶然ではないといえる。

李嗣昭の妻楊氏が莫大の富を積んだ方法は明らかでないといったが、旧五代史には簡単に、「法を設けて販鬻《はんいく》した」とあり、新五代史には、「居積行販」したとあるので、それが投機乃至は貿易であることは確かである。即ち後漢の樊宏《はんこう》のように、広大な荘園を設けて、自己の生産物だけを蓄積した結果ではない。李克用の義子の一人に李存信なる者があり、もと回紇《ウイグル》の出身であるが、四夷の語を能くし、六蕃の書に通じたとあるが、彼が戦功においては殆んどみるに足るもののないのに拘わらず、李克用に重用されてその義子となったについては、矢張りその外交官的才能を認められた為であろう。当時の沙陀部族は、嘗て桑原博士も指摘されたる如く、未開の単純な半遊牧民族ではなく、色々な民族的要素を含んだ混合部隊であり、北方系の諸民族とも広汎な政治的経済的関係を持っていたので、李存信のような外交官も必要であったと思われる。楊氏の経済的活動も、かかる情勢を背景に入れて考察しなければならぬであろう。

五代の軍閥は、将軍であると同時に資本家であったが、彼等は何れも領内の人民を能う限り搾取して、私財を蓄え、再びその私財を散じて部下の軍隊を給養せねばならなかった。晋陽の李氏の外に、最も有名なのは魏博軍閥出身の趙在礼である。後唐の世に帰徳軍節度使となって宋州に赴任し、人民はその誅求に苦んだが、在礼の任を去るを聞いて、「眼中の釘を抜いたようだ」と喜んだ。するとこれを耳にした在礼は遽かに朝廷に奏請して再度宋州節度に任ぜられ、自分の悪口をいった罰として民戸の主客を問わず、一貫文宛を取り立てて、「抜釘銭」と号した。彼の資産は莫大なものがあったので、晋の出帝はその財産を目当てに、養子延煦《えんく》の為に趙在礼の女を娶った。在礼は結納として絹三千疋を贈り、婚礼も奢侈を窮極し、その費用千万と称せられた。藩鎮となって土地人民を支配するの機会を得ぬものは、中央の要路にあって賄賂を貪った。後唐の出帝李従珂に仕えて機密を司った劉延朗は、諸将を州の刺史に任命するに功績によらずして、自己への賄賂の多少によって先後を定めた。唐晋の革命にあい、晋兵に追われて逃走し、自己の家の側を過ぎる時に、「此処に銭三十万を蓄えておいたが、何人の手に渡るやら」と歎息して立去ったが、遂に追兵の為に殺された。

併し乍ら軍閥の資本は、税金や賄賂ばかりではなかった。税金は原来が地方官の私すべきものでなく、当然朝廷に納むべきもの、若くは朝廷に代って部下の軍隊に支払うべきものであり、着服するにも自ら限度がある。賄賂は臨時的なものであって、恒久的に利潤を上げるものではない。莫大なる蓄積を行おうとすれば、何等かの機会に獲得したる資本を投資して、これを運転する必要があった。先に例に出した趙在礼の如きも、史に「至る所に邸店を羅列した」とある如く、卸し問屋を設けて商人の元締めとなったのである。

故に五代史に当時の軍閥資本家のことを述べて、何れも人民を誅求して蓄財をなしたように書いてあっても、事実はそれに止まらない。一方では必ず商業行為を行っているのである。袁象先は、「其の民を誅斂して、貨千万を積んだ」とあるが、すぐその先に、「積む所の財産数十万、邸舎四千間」とみえて、矢張り資本の運転を行っていたことが分る。但し五代という特別な時代は、その最初の資本獲得の型式に自ら又特別なものが存在し得た。それは掠奪である。

掠奪で財を成した特異な事例は先ず後唐に仕えた張氏の兄弟に指を屈する。この兄弟は兄を張筠《ちょういん》、弟を張籛《ちょうせん》という。これより先、侯莫威なる者が温韜と共に長安にあり、唐の帝陵を盗掘して莫大な金宝を獲得したが、其後張筠は雍州永平軍節度使に任ぜられて長安に赴き、侯莫威を殺してその珍宝を奪ったのみならず、更に長安故宮の地面を掘って金玉を獲、また前任の康懐英なる者の家財を横領して巨万の富を積んだ。これだけでも余程掠奪に運のよい方であるが、運というものは、当り出すと止まらないらしい。後唐が前蜀を亡した時、前蜀王の王衍《おうえん》が家族を引つれて入朝したが、長安に来かかった際、彼は朝命により途中で王衍の一行を殺し、その随行の資財を奪って悉く着服した。晩年に国都洛陽に帰って隠居したが、飽迄運気が強かったとみえ、別に被害者の霊も祟りをなさず、第宅を宏敞に構え、花竹を深邃《しんすい》に植え、声楽飲膳に欲する所を極め、当時の人から地仙と称せられ乍ら、余命十年を安穏に送った。彼はかく掠奪で産を成したのであるが、人民に対しては善政を行って、仏子と称せられた程なので、これも陰徳の陽報であろうという評判であった。

彼の弟張籛は兄と共に、長安で王衍の財貨を奪って産を成したのであるが、後晋の世に朝命を受けて湖南の独立君主馬希範の許へ使者となって行った。彼はもと馬希範と親交があり、頗る優待を受けたと思われるが、その際に蜀王から奪った宝貨を持参して湖南で売り、十余万緡の金を儲けて帰って来た。又朝命により西蕃部族から馬を輸入したが、その時大分に公金を誤魔化したと見え、買った馬が悪劣と弾劾を受け、それを苦にして病死したといわれるから、その運勢は兄に及ばなかったと見える。原来張氏は海州の出身で、世々大商人であったと称せられるが、恐らく兄弟とも、単に掠奪した資産にばかり頼っていたのでなく、一方には抜目なく商業行為を行って、その資本を運転していたことが想像される。

かかる点を綜合すると、五代時代の軍閥資本に共通の特長として、それが中世的な荘園を基礎とするものでなく、寧ろ商業上にその動産資本を運転して利益を挙げた点が指摘されるであろう。而してこの模範となったのは実に晋陽の李氏であったといえる。更に軍閥がかかる商業的利益を追求し得たのは、その資本となる可き基礎財を摑み得る機会を与えられた外に、政権を掌握した当然の結果として、商業行為を行う上にも多大の便宜を与えられた為であった。当時かかる軍閥の商業が盛大に行われ、これを回易、或は回図と称したが、この回易は中央政府から公然とその権利を認められた上、商税を免除されていた。彼等の回易は、実は半公半民的な特殊事業であったので、さてこそ其処から上る利益も多かったのである。商業はもともと投機的な性質を帯びるものであるが、政権と結託した商業は独占的な特権を享有して、絶対に有利なことを保証されるのである。

こういう軍閥の特権は宋初まで継続された。宋は太祖の時より地方軍閥の解消に努力したが、併し北方契丹国境の軍閥にはなおこの特権を認めて、所謂士馬精強の状態を維持せしめた。即ち太祖は関南には李漢超、瀛《えい》州には馬仁瑀《ばじんう》、常山には韓令坤《かんれいこん》、易州には賀惟忠、棣《てい》州には何継筠、西山には郭進等を配置し、その軍資金を豊富にする為に、筦権《かんかく》の利を悉くこれに与え、その回易には征税を免じたので、辺臣は財に富み、間諜を放ち死士を養って能く国境防備の任を果すことが出来たという。(4) 所謂筦権の利とは、専売品を自由に取扱わしめたことであり、其上に彼等軍閥の名で行う回易には商税を免じてやったのである。これ実は五代の間には至る所で実施された風習であったものが、宋の太祖の時には北方国境にだけ限定されて残存したのであった。それも次代の太宗の時となると、かかる特殊地域は残らず取消されて、国境線までが内地と同様に取扱われ、地方官は中央政府から厳重な監督を加えられることになった。

然らば次に起る問題は、かかる五代的軍閥資本家が如何にして崩壊して、宋代の官僚資本家の擡頭をみるに至ったかである。この際に先ず考うべきは五代の間に於ける軍閥資本家の漸進的な変質である。

原来軍閥資本家の本来の姿は、かの李嗣昭の例にみられる如く、自ら勇敢なる武将であって、兇悍なる部下軍隊を統率するに堪え、且つ同時にその地位を利用して私財を積み、私財を以て部下の将士の給養に責任を有するものであった。然るにその子孫の代になると、彼等は父祖の財産を其儘に相続し得るが、必ずしも常に父祖の武将たる素質を其儘に遺伝するとは限らない。現に李嗣昭の子李継忠の如きは、病弱であって将となるに堪えず、その資産をも、後晋の高祖石敬瑭に強制借用され、僅にその好意によって社会的地位を維持したに過ぎぬ。而も当時の武将は、自ら積みたる財を将士に分配して恩を樹て、彼等を用いて自己の子孫を守らしめるよりも、寧ろ私財は私財としてこれを子孫に伝えたいと願った。此に於いて起るのはかかる二世軍閥と中央との密接なる結合である。多くの二世軍閥は自己の軍事的才能に自信を有せず、専ら財を中央に献じて、中央の背景によって自己の地位を保たんとした。此において二世軍閥の中央に対する貢献が流行するのである。新五代史によれば方鎮進献の事は後唐の荘宗の時より稍〻行われ、後晋以後甚しくなったと述べている。而してこの事は同時に、それが中央集権的傾向の再現と平行して起る現象であることを示す。軍閥資本家として先にも挙げた袁象先は、その財産を諸子に分配せずして長子正辞に与え、正辞は後唐の廃帝に銭五万緡を献じて衢《く》州刺史を領し、後晋が代るに及び又五万緡を献じて雄州刺史に任ぜられたが、其土地が不便なので又数万緡を献じて赴任することを免じて貰い、出帝の時に三万緡を上って内郡を求めたが、発令にならぬ中に病死したとある。房知温は勇敢な武人で後唐に仕えて屢〻戦功を立てたが、同時に銭を数屋に貯え、馬千匹を養う大資本家であった。後晋の始めに彼が死ぬと、その子房彦儒は遺産の中から銭三万緡、絹布三万匹、金百両、銀千両、茶千五百斤、糸十万両を朝廷に献じて沂《ぎ》州刺史に拝せられた。この価格は銭十万貫と見積られる。新五代史は、当時方鎮の子孫が家財を献じて刺史を求め、献上物が多ければ大州善地を得るを指摘し、天子より始め、賄賂を以て事となしたものだと歎じている。注意すべきはかかる現象によって、嘗ては地方に割拠せる一武将の下に軍隊と資本とが密接に結びついていた五代初期の状態から、軍隊と資本とが漸く分離し始め、資本が次第に朝廷に向って集中しつつあった趨勢が看取されることである。勿論かかる変化は一朝一夕に全面的に行われるものではないが、先ず資本が地方軍隊から離れて中央に集り、中央はその資力によって次第に地方へ手を延して軍隊を動かすようになったという大勢の進行は、これによって其の一斑が窺えるであろう。後唐の荘宗前後を一転期として、唐末より激化した分裂的傾向は大きく回転して、再び統一的傾向へと向うのである。

一方軍隊の団結は次第に分解作用を起して来た。嘗ては数州を連ねて、中央に抗した大軍閥集団が解体して、至る所に小粒の軍閥が分散することになると、かかる小なる軍団は独自の行動によって自らの将帥を擁立するの勢力を失い、中央から任命される将軍の威力が軍隊に対して十分に睨みを利かすことが出来るようになった。こういう際には軍閥将領は、自己の軍隊を腹心として依頼するよりも寧ろ中央政権に対して密接な封建関係を結んでこれに依存するを安全なりと思惟する。その苦慮する所は、如何にせば自己の子孫をして安穏にその遺産を守らしむるかにある。宋の太祖が有力なる軍閥将領の石守信等に対して、兵権を解いて、各自の私有財産を擁し、安楽に余生を送るべきを勧めたのは、正に時勢の潮流に棹さして行ったが故に成功したのであった。この石守信は史に積財巨万と称せられる。当時宋の属国となった南唐の後主が宋に貢献する為の絹を調達することが出来ず、漸く富民石守信の家で十万匹を得てこれを献じたというが（陸氏南唐書巻八睦昭符伝）、富民石守信とは実は、この前節度使石守信なのであろう。彼の子は長子保興、次子保吉、ともに父の財を受けて豪貴を誇った。南唐書の史料となった記録は、思うに石氏の為に憚る所があって、殊更に富民と書かねばならなかったのであろう。恐らくこの石氏こそ五代軍閥資本家の最後を飾る存在であった。

なお此処に若干考察を加えて置かねばならぬのは、彼等軍閥資本家は、又同時に為政者でもあったので、彼等が如何なる態度で地方人民に対したかということである。勿論軍閥は出来得る限りの搾取を行ったであろうことは容易に想像されるが、併し軍閥的搾取には自ら限度のあるものである。彼等は部下の軍隊を養う直接責任者である為に、食糧の確保には絶えず細心の注意を払わねばならなかった。後梁の太祖朱全忠は盗賊出身なるにも拘わらず、民政に意を用いたので、旧五代史食貨志によれば、

「内は荒土を拓き、農桑を奨励し、租賦を軽くしたので、人民は喜んで租税を上納した為にその軍隊が強盛を誇った」といい、又「後唐の荘宗は梁に代って天下を取ってから租庸使孔謙などに命じて、峻法を用いて下を厚斂して上に奉ぜしめたため、折角の覇業が失敗に帰したのだ」といっている。但し荘宗に対する批評は些か酷に失するので、大混戦の後に天下を得た荘宗としては、多年の戦禍による土地の荒廃によって民生が危殆に陥っていたのを収拾すべき善後策がなかったのであろう。孔謙の伝によれば、当時荘宗は百姓の田租を除く詔を出した所、孔謙がそれを阻止したのだと非難するが、財政責任者たる孔謙にしてみれば又已むを得ぬ事情も存在したに違いない。明宗が荘宗を仆して位に即くと、凡ての罪を孔謙に帰し、彼を死刑に処して民心に迎合せんとした。明宗の時は恰も荘宗の計画によって蜀を亡した余沢を蒙り、蜀で獲た戦利品が都へ到着して朝廷の財政もいくらか楽になったので、天下に休養を与え、五代の中では小康の世と称せられた。

地方官としては後梁より後唐にかけて、洛陽附近の農業再建に成功した張全義があり、晋陽財閥李嗣昭も地方官としては土地の人民に敬慕された。張筠も大きな掠奪は働いたが政治上に於いては善政を布き、中央から指令された租税以外は人民から取立てる所がなかった。彼等の軍閥資本は主として商売上に運転されたのであって、農民に対しては成るべくこれを放任して、只出来るだけ多くの糧食を上納させることで満足したと思われるのである。

かかる地方官の重農政策から必然的に生れた結果が小作制度の普及ではないかと考えられる。中世的な部曲荘園制度においては大土地所有者は実は土地領有者ともいうべきものであって、所領内に半自由民たる部曲を用い、部曲をして土地を耕作せしめる制度であったが、それから、宋以後の近世的な佃戸制度、即ち自由民たる小作人と契約によって、自己の私有地を貸与して小作料を取立る制度にまで、如何様に移行したか、これを明らかにすべき記録は殆んど存在しないが、只それが五代を中心として実現されたには相違ない。よって思うに、農奴的なる部曲の解放は、実は土地所有者にとっても一の利益たるを失わない。何となれば祖先以来自己に附属して所有地に定着している部曲の存在は、恰も部曲が小作権を承認され居るものの如く、若し地主がその土地を更に有利に利用しようという時には反って大なる束縛となる。然るに部曲が解放されて自由民となれば、地主は最も有利な条件を提供する者に土地を貸与して、最高の地代を獲得することが出来るのである。かくして土地も百%の生産力を発揮するようになる。部曲の解放が行われて、始めて地主は完全なる土地私有権を獲得したともいえるのである。

法制上、部曲の解放が何時行われたか、史には全く明文がない。恐らく法制の発布とは関係なく、唐末五代の混乱の間に徐々に実現をみたのであろう。而して五代の軍閥政治家は、農民より糧食の供出を要求する必要上、部曲の地位に同情するよりも、寧ろ地主の権利を承認する立場から、小作制度の普及を歓迎したのではあるまいかと想像される。余の管見の及ぶ所では、農奴的部曲の存在は、宋史盧多遜《ろたそん》伝にみゆる所を以て最後の例とするようである。

中国史上にあっては、農民の苦痛は国家に対する正税の供出よりも、寧ろ地方税的な性質を帯びる徭役の重圧に存した。而して徭役は天下一統の平和時代ほど農民地主に重き負担を加える。それは財政の中央集権に伴って、所謂上供の物資が多くなり、農民は単に租税を地方官庁に納付するのみにて足れりとせず、更にそれが国都に到達する迄の責任を負わされ、その義務が徭役という形で賦課されるからである。然るに五代に於いては軍閥割拠の結果、遠距離へ送付すべき物資は極めて少くて済み、農民の役は稀に地方官衙に出頭するだけで十分であった。故に五代の農民、特に地主階級は、軍閥の誅求下にあり乍ら、反って徭役を課せられること軽く、その為に五代史の著者欧陽脩が心配する程、不安な状態には置かれていなかったと思われるのである。

然るに宋の一統の世となって、地主の徭役の義務が遽かに増大し、仁宗の頃に至って頂点に達した。所謂州役の一として衙前の役が農民地主を対象として課せられ、彼等は物資を国都に漕運する責任者となり、或は年毎に増加する官僚群に対して生活費交際費を調達する役目を仰せつかり、為に倒産する者相次いで、其の土地は次第に官戸の手に流れ込んだ。宋代の官戸とは唐代のそれと異り、官僚を出した家のことで、官戸には役の負担がないので、如何に広大な土地を所有しても租税さえ納めればそれで済むのであった。此に五代時代にはあまりみられなかった、官僚の土地兼弁、農民地主の没落が始まり、若し農民地主にして産を守らんとすれば、自ら官僚化するより外に途がなくなった。かかる官僚地主出現の為に農村は形貌を一新して、元・明・清時代に続くのである。而して此事こそ、近世文化の担当者たる官僚資本家階級なるものの成立に外ならないのである。

宋以後の士大夫的地主階級は、その社会上の地位が唐以前の貴族的地主のそれに相応するものであるが、これは唐的貴族が其儘宋的士大夫に推移変質したものではなく、その中間に五代の軍閥資本の時代があって、かかる商業的軍閥資本家の下に育成された農民地主が宋代に入って、新興の官僚資本家と合体して生じたものであると解釈する方がより自然である。故に彼等は一面では地主であると共に、一面には官僚であり、更に商業行為をも営んだので、ここに三位一体の新士大夫階級が成立した。そしてかかる士大夫階級は既に五代の末期に南方の小独立国において一足早く形成されていたらしい。宋朝の創業期が過ぎた頃、南方士大夫の官界への進出が目醒しかったのもかくして説明されるであろう。

注

（1）李嗣昭一家の関係史料としては、旧五代史巻五十二、李嗣昭伝、巻九十一、李継忠伝、新五代史巻三十六、李嗣昭伝、文献通考巻二十三、国用考などを参照。

（2）礬の経済史的意義については、『東亜人文学報』一ノ四、佐伯富「宋代に於ける明礬の専売制度」参照。

（3）柏谷の銀冶について、続資治通鑑長編巻四、乾徳元年閏十二月丙子の条に、〔五台山僧継禺〕又於柏谷置銀冶。募民鑿山。取鉱烹銀。北漢主取其銀。以輸契丹。歳千斤。因即其冶。建宝興軍。とある。

（4）宋初の北方防衛軍将領の配置については、続資治通鑑長編巻十七、開宝九年十一月庚午条の注、宋史巻二七三、李漢超等伝の論を参照。但し両史料ともに李漢超が関西に鎮したとあるは取らぬ。彼は関南兵馬都監、関南巡検として能名があった。

宋江は二人いたか

一

宋江は有名な小説、水滸伝の主人公として中国民間において最も人気のある英雄であった。しかし彼は全然架空な存在ではなく、歴史上に実在する人物である点において歴史家にとっても興味があり、これまでも屢々その実伝が考証されてきた。いま普通に信ぜられている実在の宋江の全貌はおおよそ次のようなものになる。

宋江に関する史伝の最も早い記録は、『皇宋十朝綱要』宣和元年（一一一九）の記事で、

十二月。詔して山東の盗、宋江を招撫せしむ。

と見えている。その後の宋江の消息は、『宋史』巻三五一、侯蒙伝に、彼が知亳《はく》州で

あった時に宋江が京東路に寇したので、上書して、

宋江は三十六人を以《ひき》いて、斉魏を横行するに、官軍は数万にして、敢て抗するものなし。その才は必ず人に過ぐるものあらん。いま青渓に盗起る。若かず、江を赦して方臘を討たしめて自ら贖わしめんには。

と言って天子徽宗から嘉奨され、知東平府に転ぜられたが、赴任するに及ばずして卒したとある。

この宋江はやがて、知海州の張叔夜によって招降されるのであるが、その事情は『宋史』巻三五三、張叔夜伝に詳しい。これによれば宋江等は、海岸で鉅舟十余隻を劫し、掠奪品を載せて去ろうとしたところ、張叔夜は予め壮士千人を埋伏させておき、賊を誘って上陸させ、その隙に船を焚き、前後から包囲してその副賊を擒《いけど》ったので、宋江自身も降参したのであるという。

さて宋江招撫の年代については、『皇宋十朝綱要』、『宋史』の両者はともに宣和三年(一一二一)二月中のこととするに一致していると見られる。

さてこの宋江は、恰も進行中の方臘の動乱に際し、討伐軍の主将、童貫に従って南征し、最後の賊軍根拠地たる幫源洞を包囲する作戦に出動して功を立てたことになっ

ている。彼の名は先ず『続資治通鑑長編紀事本末』巻一四一、宣和三年四月戊子二十四日の条に、童貫の部将の配置を述べる中に、

劉鎮は中軍を将い、楊可世は後軍を将い、王渙は馬公直、並びに稗将趙明、趙許、宋江を統領し、既に洞後に次す。

と記されている。その翌々日、庚寅二十六日に方臘は生擒されるのであるが、その余党はなお各地に散在していたので、宋江等はそれ等の討伐に当らねばならなかった。『皇宋十朝綱要』宣和三年六月辛丑九日の条に、

辛興宗は宋江と与に、賊の上苑洞を破る。

とあり、この月で叛乱は全部平定され、七月には童貫が凱旋し、八月、方臘が死刑に処せられて結末がつくのである。

上述のように宋江が史書の上に現われる年月は非常に短い。即ち宣和元年から三年に至る（一一一九―一一二一）三年間である。そしてこの間に劇賊の宋江は帰順して官軍に加わって方臘討伐に従事したと認められる。そこで『宣和遺事』前集に、

宋江はかの三十六人とともに宋朝に帰順し、各々武功大夫の誥勅を受け、諸路の巡検使に分注せしめられたりき。（中略）後に宋江を遣わして方臘を収めて功あり、

節度使に封じたり。

とあるのは大体に事実と認めてよく、従って水滸伝もこの線上において発展した小説であるから、大旨は史実に副ったものだと考えられてきたのである。

二

ここで考えねばならぬことは、史書に現われる限り、劇賊の宋江（A）と官軍中の宋江（B）とが同一人である明証はないことである。ただ一方に『宣和遺事』や『水滸伝』の話が潜在意識として残り、他方、『皇宋十朝綱要』が劫賊宋江（A）の招撫に続けて、宋江（B）が童貫軍中にあって活躍した記事を載せるので、当然両者は同一人だという類推作用が働くのである。ところでこの推理が実は甚だ怪《あや》しいものになるというのは、もう一人別に宋江（C）が存在するからである。『東都事略』巻十一、徽宗本紀宣和三年の条に、

五月丙申。宋江擒に就く。

という記事がある。周知の如く『東都事略』は南宋初期の王偁の著であり、その成立の年代は『宋史』が元末であるのに比してずっと早い。またその記述が非常に正確で

あることについても定評がある。張叔夜や侯蒙の伝記に関しては両書はほぼ同一であるが、本紀の宋江に関する記事には大なる逕庭があり、『東都事略』には『宋史』に見えない前述の奇怪な記事があるのである。

方臘が捕えられたのは宣和三年四月庚寅二十六日のことであり、その際宋江（B）が戦争に参加し、五月、閏五月を経て、六月辛丑九日に再び上苑洞で掃蕩戦に従事しているのであるから、その中間、五月丙申三日に就擒の宋江（C）は明らかに別人であるに違いない。

さて『東都事略』に見える、宋江就擒という記事は私が前から気にかかっていたのであるが、あまりに簡単であるため、或いは何かの間違いでないとも保し難く、これまで疑問を抱きつつ解決を保留していたのであった。然るに近時、それが事実に違いないことを裏付ける史料が現われた。それは一九六三年、北京の中華書局出版の蘇金源・李春圃両氏編『宋代三次農民起義史料彙編』[1]の中に紹介された、

范圭・宋故武功大夫河東第二将折公（可存）墓誌銘

なる史料であり、原石は一九三九年頃、陝西省府谷県から出土したものらしい。これによると、折可存は童貫に従って方臘討伐に出征したが、その前後のことを、

臘賊擒に就き、武節大夫に遷る。師を班《かえ》して国門を過ぎ、御筆《みことのり》を奉じて草寇宋江、を捕えしめらる。月を逾えずして継獲し、武功大夫に遷る。

と記している。細部は暫く措き、われわれはこれによって、方臘が捕縛されて後、間もなく草寇の宋江（C）なる者が官軍によって生獲された事実のあることを知るのである。従って『東都事略』の前掲記事は決して無根でも誤謬でもなかったわけである。折氏は北宋一代を通じて、黄河の北湾曲部に近い府州の大族であり、北宋末に折可大、折可適、折可与、折可求などの名が『宋史』に見えているから、折可存はこれと同族、同輩行であるに違いない。彼は方臘討伐に際して、河東第四将として、兼ねて第三将の兵を率いて従軍したのであるから、恐らく折氏嫡流の一人であろう[2]。彼は方臘、宋江（C）の両乱平定に参加したといっても、別に主役を演じたものでなかったことは、両度の賞与が武節大夫、及び武功大夫（何れも従七品）という階官にすぎなかったことによっても察せられる。筆者の范圭については知るところがないが、墓誌銘というものの性質上、文章に潤色が多いのは免れぬとしても、事実を捏造することはこの場合考えられぬことなので、宋江（C）の存在は動かすべからざる事実として認めざるを得ないであろう。

三

既に宋江（B）と両立できない宋江（C）の存在が確認されたとすると、われわれは従来殆んど自明の理のように考えてきた、

宋江（A）＝宋江（B）

という図式に対して再検討を加えざるを得なくなる。何となれば宋江（A）は、賊という共通の性質によって、宋江（B）よりも寧ろ宋江（C）の方に近付いてくるからである。すると童貫の部将である宋江（B）は分離して独立するわけであるが、私は先ずこの方向から考察を進めてみようと思う。

方臘が睦州に拠って叛乱を起したのは、宣和二年十月のことであり、数月ならずして歙州、杭州を陥れて進んで秀州に迫った。折しも宋の朝廷は童貫を将として、燕山恢復の兵を興し、金と同盟して遼国に侵入しようと、大軍を集めて準備しつつあった時である。そこで討遼の軍をそのまま江南に向わせて方臘討伐に当らせたのである。

『宋史』巻四六八、童貫伝によると、

平燕の謀を造り、健将勁卒を選び、日を刻して命を発せんとす。たまたま方臘睦

州に起り、勢い甚だ張る。江浙淮南宣撫使に改め、即ち聚むる所の兵を以て、諸将を帥いて之を討平せしむ。(中略)禁旅及び秦・晋蕃漢兵十五万を率いて以て東す。

とあって、軍容甚だ旺んであった。同じことを『宋会要輯稿』兵十、討方臘の条には、枢密院をして東南の両将、京畿の一将を起して前去捉殺せしめ、内、将副にして如し曾て戦陣を経しに係らざる人あらば、日下に人を差して抵替せしめ、その軍兵は仍て、曾て陝西に出戍せるを経し人を差す。是に於いて陝西六路の漢蕃の精兵も、同時に倶に南下す。

とあり、出征する内地の軍団(将)に属する将・副の人選を厳しくし、曾て戦場に出た経験のない者は、他の有経験者をもって交替せよと命令しているのである。

この時の総兵力は前引の『宋史』童貫伝によれば十五万人とあるが、これだけの陣容をもって出征した時に、たとえ宋江が投降してきたとしても、それを先鋒の稗将に挙用する必要が果してあったであろうか。何となれば宋江は前述の如く、張叔夜が募った死士千人によって脆くも打破られ、その副賊を擒《とりこ》にされる位の実力しかなかった者なのである。

このことは別の資料によっても裏書きされる。汪応辰の『文定集』第二十一、顕謨閣学士王公（師心）墓誌銘に、彼が海州沭陽県の県尉であった時、河北の劇賊宋江が京東路から侵入して来たので、これを境上に要撃して打破り遁走せしめたことが見えている。県尉は警察部長ともいうべき文官であり、その部下は正規兵でなくて、民兵である弓手にすぎない。県尉に敗退する位であれば、宋江の実力の程度も知られるというものである。そんな宋江が、陝西の将領に伍して、十五万人に上る方臘討伐の大軍の幹部約二十人の一人に数えられるとは一寸考えられぬことである。(3)

更に時間的に見ても、招撫についた宋江が、方臘討伐に馳せ参ずるには無理が生ずる。そもそも童貫が江浙淮南等路宣撫使に任ぜられ、方臘討伐を命ぜられたのは、『宋史』『宋会要輯稿』によれば宣和二年十二月丁亥二十一日であり、『続資治通鑑長編紀事本末』『皇宋十朝綱要』によれば、少しおくれて宣和三年正月癸卯七日のことになっている。(4) とまれ、童貫及びその部隊が国都を出発したのは、宣和三年正月中旬以前のことに違いない。何となれば『続資治通鑑長編紀事本末』によれば、正月丁巳二十一日には彼は揚子江を渡って鎮江に到着しているからである。

童貫出征の状況は、『三朝北盟会編』巻五十二に引くところ、『中興姓氏奸邪録』に、極めて活き活きと描写されている。

> 方臘睦州に叛し（中略）東南震動す。貫を以て江浙宣撫使と為し、劉延慶・劉光世・辛企宗・宋江等二十余万を領し、往いて之を討たしむ。貫行く。兵事急なり。上微かに城東に出で以て貫に餞す。貫の手を握り、親しく之を送る。

とあって、平心にこれを読めば、宋江（B）は童貫出陣の当初から、その軍中に居たのである。

然るに一方の宋江（A）は、『宋史』『皇宋十朝綱要』『東都事略』等の書によれば、少なくも宣和三年二月までは、揚子江北にあって劫掠に従事していたのである。すると、宋江（A）＝宋江（B）という断定は全く不可能になってくる。即ち童貫の部将たる宋江（B）は始めから童貫の軍中にあり、彼が童貫に従って国都を出立し、揚子江を渡って鎮江に到着した宣和三年正月の頃、賊帥の宋江（A）はまだ招安についていなかったことになる。

四

すると次に起る疑問は、張叔夜によって招撫された宋江（A）と、方臘の乱平定直後に擒となった宋江（C）とが、果して同一人であるか、或いはこれもまた全く別人であるか、の問題である。われわれは不幸にして、これぞという定め手をもたないのであるが、先ず常識的に考えて宣和元年から三年までの間に、そんなに幾人もの宋江が同時に活動したとは思えないので、取り敢えず両者は同一人であろうという線に沿って考察を進めるのが順序であろう。

そこで先ず考えねばならぬのは、張叔夜による宋江招安の月日についての再検討である。これについての最も古い記録は、『皇宋十朝綱要』であるが、その記述をよく読むと、非常に混雑した内容から成っていることに気付く。即ち、

〔宣和三年二月〕庚辰。宋江淮陽軍を犯す。又京東・河北路を犯して、楚州の界に入る。知州張叔夜、之を招撫するに、江出降す。

とあり、二月庚辰十五日の条下に、数多くの事件が記されているが、一日の間に宋江が淮陽軍（今の下邳《かひ》県）から、京東路、河北路を経て楚州まで行くことができぬから、庚辰の日に起ったのは、この中の一事だけである。そしてそれは最後にある張叔夜が宋江を招撫したことではなく、最初に書いてある淮陽軍侵入の事実であったに違いない。従ってそれ以後に書いてある事実はその後に起ったことを便宜上、この場所にひ

と纏めにして書きこんだに過ぎない。だから張叔夜による宋江招安の月日はこの記録によっては正確に知ることができぬのである。

『宋史』の本紀は、この『皇宋十朝綱要』の記事の外に、他の根本史料を用いながら、宋江帰順の月を宣和三年二月と定めてしまった。即ちこれによると、

〔宣和三年二月〕この月、淮南の盗宋江等、淮陽軍を犯す。将を遣わして討捕せしむ。また京東・江（河？）北を犯して、楚・海州の界に入る。張叔夜に命じて之を招降せしむ。

とあるが、この記事は、先の『皇宋十朝綱要』に比べて優れた点が二カ所ある。一は宋江等が淮陽軍を犯したという後に、将を遣わして討捕せしめたことを記した点である。これによってわれわれは、前述の二月庚辰十五日という日付は、将を遣わして討捕する命令の出された日であることを知るのである。中国の朝廷の記録は、地方に事件の起った日でもなく、地方から報告が届いた日でもなく、朝廷が対策を講じて発令した日付を書きこむのを常とするからである。第二の優れた点は、楚州の次に海州を加えた点である。『皇宋十朝綱要』のように海州を脱落すると、張叔夜は知楚州であったように誤解されても仕方がない。

それにも拘わらず、『宋史』が、張叔夜に命じて宋江を招降せしめたことを、二月中に書きこんだのは、『皇宋十朝綱要』の記事を不用意に書きかえただけで、特別な新しい材料によって自信をもって断定したわけではないと思われる。何となれば、この部分後半の記事は、殆んど『皇宋十朝綱要』と同文でありながら、それを書写するに重大なミスを演じているからである。

元来『皇宋十朝綱要』に、宋江が淮陽軍を犯し、次に京東路・河北路を犯して、楚州に現われたと記しているが、この意味は淮陽軍から直接に楚州へ入ったのではないことを言おうとするにある。当時の淮陽軍、即ち現今の下邳県は京東路の南端にあり、淮南東路の北辺にある楚州・海州とは地理的に極めて近いのである。然るにこの時、宋江は淮陽軍から直接楚州へ行ったのでなく、一旦北上して京東路の中腹部を通りぬけ、更に河北路に入り、再び南下して楚州へ侵入したことをいおうとするのである。

ところが『宋史』は、この河北を江北と改めたのである。これは『宋史』では、宋江等の結末を全部二月中に片付けることにしたため、京東から河北まで長途の遠征をされては、再び楚州・海州まで帰ってくるには時間的に間にあわない。そこで宋江を江北（淮南）に留めておきたかったのであるが、それでは事実と合わなくなって具合

が悪いのである。何となれば宋江は前引の汪応辰の王師心墓誌銘に、河北劇賊宋江とあり、『東都事略』巻一〇三、侯蒙伝に、

宋江は三十六人を以いて、河朔・京東を横行す。

とあり、『宋史』巻三五三、張叔夜伝に、

宋江河朔より起り、十郡を転掠す。

とある如く、河北地方を転掠したことは間違いない事実と認めなければならないからである。

既に宋江が宣和三年二月庚辰十五日頃、淮陽軍から北上して、京東路を通りぬけ、河北路に入り、再び京東路を南下して、最後に淮南路北辺の楚州・海州に入ったとするると、これは到底二月中のことではない。このためには恐らく数カ月を要したことであろう。ここにおいてわれわれは『東都事略』の記事を再検討する必要がある。そこには、

〔宣和三年二月〕淮南の盗宋江、淮陽軍を犯す。また京東・河北を犯して、楚・海州に入る。

とあって、この次に張叔夜による招降の記事がない。そして三カ月たった五月になっ

て、

〔五月〕丙申。宋江擒に就く。

という記事がある。これこそ他書に見える、張叔夜による宋江招撫に相当する記載ではあるまいか。何となれば同書巻一〇八、張叔夜伝は、宋史の記述と少しく異なり、彼の宋江招降の事情を、

密かに壮士を伏せて海旁に匿し、約して兵の合するを候い、即ちに其の舟を焚かしむ。舟既に焚かる。賊大いに恐れて復た闘志なし。伏兵之に乗ず。江乃ち降る。

と記し、宋江自身が進退谷《きわ》まって降参したことにしているのである。さればこれを、「擒に就く」と言いかえても差支えない。『東都事略』の記事は本紀と張叔夜列伝と完全に対応しているのである。われわれはまさに『東都事略』によって、張叔夜の宋江招撫は、宣和三年五月丙申三日のことと理解すべきである。何のことはない。初めから『東都事略』をよく読んでおれば、それだけで解決のつく問題であったのだ。この五月三日は前述の如くすでに方臘が捕縛されてから後のことであるから、もちろん彼が童貫の軍に加わって方臘討伐などに向う筈がない。結局どう考えても、河北・京東を転掠した宋江（A）は、官兵に討伐されて已むを得ず投降した宋江（C）であり、

童貫軍中にあって方臘討伐に功を立てた宋江（B）は、それとは全く別人で、初めから陝西将領の一人であったという結論に落着くのである。

五

私の最初の目的は以上で大体達成されたわけであるが、事のついでに劫賊宋江の活動を、出来るだけ跡付けて見よう。史書に現われる宋江は、或る時には淮南盗、或る時には河北賊、或る時には京東賊といわれ、その出身が定かでない。思うに当時の記録はそれぞれの土地の報告に基づいたので、別にその根拠地、発生地を突きとめた上での記録ではなかろう。淮南の方から侵入された場合は淮南盗といい、河北の方から侵入された時には河北賊といったにすぎない。われわれはむしろこのような幾種類かの短い動きをつなぎ合せることによって、宋江の足跡をたどることができようと思う。

前述のように宋江に関する最初の記録は、『皇宋十朝綱要』宣和元年十二月の条で、そこには山東盗（原作道）宋江とある。山東とはあまりに漠然とした言い方であるが、『東都事略』『宋史』の侯蒙伝に、彼が宋江を招安して方臘を討伐させたいと上書し、天子に嘉奨されて知東平府に任ぜられたとある。すると当時宋江の本拠は東平府内にあったのであろう。有名な梁山泊は東平府の寿張県にあったというから、伝説ともよく合致する。そして侯蒙がこのような上書をした時は、まだ方臘の勢力がそれほど強大にならない間、つまり方臘叛乱の初期、宣和二年十月を去る、あまり遠くない時期であったであろう。『青渓寇軌』に十一月頃のこととして、

京東の賊宋江等、青・斉・済・濮の間に出づ。

と記すが、東平府は大体この四州の中央に近く位置している[5]。次に宣和三年二月になって淮南盗宋江が京東路の淮陽軍を犯したとあること前述の如くであるから、宋江等は一時専ら淮南地方を劫掠したものの如くである。次に宋江は再び京東に帰り、北上して河北路に入り、また暫く河北を根拠として盤踞したものと見える。そこで時に河北劇賊などと称せられる。その後、彼等は一転して三たび京東を通過して淮南路の楚州・海州に侵入した。そこで『宋史』張叔夜伝では、宋江は河朔より起った、などと称せられる。最後に海州で宋江は知州張叔夜のために大敗し、投降を余儀なくさせられるのである。その後の宋江（C）の消息は一切不明である[6]。

この宋江（C）の存在を忘れ、宋江（A）＝宋江（B）なる等式が成立したのは何時頃からであったか。前述の如く、史料の上ではこれを明言したものはないが、併

し読みようによっては、そのように取れる記述を残したのは『皇宋十朝綱要』である。即ちそこには宣和元年十二月に山東の宋江（A）を招撫せしめたとあり、続いて方臘の乱のたけなわなる宣和三年二月の条に、恰もこの月に宋江が招降されたかの如く記し、更に宣和三年六月、方臘の残党を討伐した将領の一として宋江（B）の名が出ているからである。この書はどうやら、宋江の出降の月日を、方臘討伐に間にあわせようとして、故意に早めようとした意図があったと見られる。著者の李𡌴は光宗（一一八九―一一九四年在位）の時の進士というから、その活動時期はおおよそ南宋の中期に当る。即ちこの頃から、両者の混同が始まりかけていたと見てよいであろう。但し史学の上では、それはまだ最後的に断定されるには至らなかったのであり、小説家の手に渡って、決定的な形をとるに至ったのである。

但し現存する元曲の中の水滸関係諸曲には、宋江等が方臘討伐に向った話は出てこない。その話は普通言われるように小説『宣和遺事』から始まっている。ところがこの小説はその由来が頗る不明であり、嘗て説かれたように宋代の作であろうとは到底思えない。更にその所説も、現在の水滸伝とは大いに違った点がある。先ず宋江等は決して義賊ではない。そこに見えた宋江は、方臘と呼応した賊で、

宋江年表

	宋江（A）＝宋江（C）	宋江（B）
宣和元年	十二月山東盗宋江（A）初見（十朝綱要）	
宣和二年	十一月頃、宋江（A）青・斉・済・濮の間にあり（青渓寇軌）	十月方臘睦州に叛す
宣和三年	二月十五日宋江（A）淮南より淮陽軍に入り、官軍討伐に向かう（宋史） 五月三日宋江（A・C）河北より京東を経て海州に入り張叔夜に敗れて投降す（宋史・東都事略・范圭折可存墓誌）	正月童貫、方臘征討に向かう。宋江（B）従軍す（北盟会編） 正月二十一日、童貫鎮江に至る（続長編紀事本末） 四月二十六日方臘擒に就く。宋江（B）功あり（続長編紀事本末） 六月九日宋江（B）余賊を上苑洞に破る（十朝綱要）

また宋江等は京西、河北等の州を犯し、子女金帛を劫掠し、人を殺すこと甚だ衆し。

と見えている。そして最後に、

宋江は那《か》の三十六人とともに宋朝に帰順し、各武功大夫の誥勅を受け、諸路の巡検使に分注せしめられ去けり。此に因り三路の寇、悉く平定するを得たり。後宋江を遣わして方臘を収めて功あり、節度使に封ぜらる。

とあり、ここでは宋江は旧部下の三十六人と離れて、単独で方臘征討に参加しているのである。すると宋江説話が現在の百回本のような形になるのは、更にずっと後れてからのことだということになる。或いはむしろ、全く個人の創作と見た方がよいかも知れない。

注

（1）『宋代三次農民起義史料彙編』という書は、便利な本ではあるが、学術書として議すべき点が少くない。われわれにとっては、この書の最大の価値は范圭の折可存墓誌銘を紹介してくれた点にあると思うのだが、ほんの要点を抜萃したのみで全文を掲載しない。このような重要な史料は当然全文をあげて、その家世、撰者の肩書などを明らかにすべきであった。然るに一方、明代に成る『宋史紀事本末』の如き書中の記事を長々と引用しているのは、その意図が何であるかを理解するに苦しむ。その位ならば寧ろ、『続宋編年資治通鑑』を採るべきであったであろう。

（2）将という名の軍制は熙寧年間に創設された制度である。『宋史』巻一八八、兵志に、凡諸路将。各置副一人。東南兵三千人以下。唯置単将。凡将副皆選内殿崇班以上。嘗歴戦陳親民者充。且詔監司奏挙。と見えている。

（3）方臘討伐に当って童貫と行動を共にした将領には、譚稹・劉延慶・王稟・郭仲荀・楊惟忠・楊可世・劉鎮・劉光弼・王淵・王渙・辛興宗・辛嗣宗・冀景・黄迪・馬光直・趙明・趙許・宋江などの名が史書に見える。そして王淵の部下に韓世忠があり、方臘を生擒した殊勲者であった。この他に別動隊として、史珪・張思正・関弼・姚平仲・梁昶・劉光世などの諸将があった。

（4）童貫が江浙淮南等路宣撫使に任ぜられた日付は、『続資治通鑑長編紀事本末』によれば宣和三年正月癸卯七日であり、恐らくこれが正しいのであろう。同書によれば、前年十二月丁亥二十一日に譚稹と王稟とが方臘討伐を命ぜられているので、他の諸書は取纏めて、童貫の分をも十二月に書きこんだと思われる。さるにても『宋会要輯稿』や『東都事略』までが、その書き方に従っているのである。われわれはここにまざまざと宋代史料の信憑性の等級を見せつけられた思いがする。

（5）斉州は即ち済南府であり、歴城県に治する。『宋史』巻八十五、地理志京東東路に、済南府。上。済南郡興徳軍節度。本済州。

とある済は斉の誤り。殿本巻末の考証を見よ。

(6)『宋代三次農民起義史料彙編』の巻末に、近時発表された多くの研究論文の名を載せるが、その何れをも参照することが出来なかったのは遺憾である。併し彙編の編者は恐らくそれらを凡て検討したものなるべく、その意見は現在中国学界の通説と見なしてよいであろう。さて編者は畢沅の『続資治通鑑』の考異を引用したあとで、『長編紀事本末』や『十朝綱要』に見える宋江の記事を挙げ、

かくの如くなれば宋江の方臘を討ちしこと、固より明証あり。

と言っている。これは私のいう宋江(A)が宋江(B)と同人だという説に当るので、恐らく中国現時の学界の通説はこれ以上に出ないであろうと思われる。

〔附記〕 本稿は近くフランスにて刊行さるべき、故 Balazs 教授追悼記念宋史論文集に掲載される筈の拙稿 Y a-t-il eu Deux Sung Chiang ? と殆んど内容を同じくする。細部において多少相違があるのは、彼においては仏訳の便宜を考えつつ起草したがためである。

(一九六六年七月、独国ボフムにて)

〔再記〕 昭和四十一年十一月四日、第十六回東方学会全国会員総会において右に基づいて講演したあと、岡崎精郎氏からの御注意により、台湾大学文史哲学報第二期に、牟潤孫「折可存墓誌銘考証兼論宋江結局」

なる論文あり、墓誌銘拓本の写真も載せてあり、折可存は折可求の弟なるを知るを得た。甚だ迂闊であって岡崎氏に厚くお礼申上げる。なお牟氏の結論は私の表現に従えばA＝B＝Cなる形式に属する。但し牟氏の史料捜査は遥かに『起義史料彙編』の上に出ている。

（昭和四十一年十二月二十日）

藍鼎元（鹿洲公案　発端）

雍正帝《ようせい》は今日は、朝からいらいらしていた。

広東省潮州府に属する潮陽県という地方では、ここ数年来不作が続いて、人民は飢餓状態に陥っている。そのうえに地震さえ起って、人民は絶望の極にあり、まだ先に何が起ってこようも知れぬと、不安におびえている。これまで政府はその報告をきいて、有能な若手の官僚の中から、とびきり優秀な手腕家を抜擢し、県知事にして派遣してやって事態を収拾させようと骨を折ったのだが、どれもこれも失敗して、一年とは持たないのだ。最初の県知事は汚職で検挙された。次の県知事は無能なため、租税の徴収が予定額の二割にも達せず、成績不良で免職させられた。三番目の県知事は部下の吏員のストライキにあって、知事の職務を遂行することができずに辞職を願いでた。四番目の県知事は表面は巧くやっているなと思っていると、裏面で会計に大穴をあけていた。上司が帳簿を取り寄せて検査して分ったことは、会計の不正はこの県知事だけに限らず、何代も前から連続の繰越しであって、手のつけられぬ官規の紊乱が進行していたという事実であった。四人の前知事が現地へ呼び寄せられ、未決監に収容されて取調べを受けている。正に前代未聞の不祥事だ。そこで第五人目の知事の選考を吏部尚書に申し付けてあるのだが、その人選がなかなか、はかどらぬらしい。今日がその期限の最後の日なのだ。

ようやくのことで吏部尚書参内という報せがあった。近侍の宦官《かんがん》が大きな紫檀の盆の上に緑頭籤を三枚列べたものを、高々と捧げて入ってきた。緑頭籤というのは短冊形の木札に黒漆を塗ったもので、頭の部分だけが緑色である。札の表には胡粉で官吏候補者の名前が書いてある。宦官が緑頭籤を卓子の上において立ち去ると、入違いに内務大臣に当る吏部尚書が入ってきて最敬礼をした。

雍正帝は三枚の中の一番右の緑頭籤を取り上げて姓名を読んでみた。

「王峻――潮陽県の県知事の候補者じゃな。これはどんな男だ」

「清廉潔白このうえない人物にござります。一毫も人から取らず、正しいと信じたことはあくまでも断行して絶対に他人と妥協したり致しませせぬ。こういう際にはこういう人物が最も適当と存じて、第一の候補者に挙げた次第でござります」

言い終ると吏部尚書はまた頭をたれた。

「清官か、清官だな。これはいかん。昔から、清官の害は濁官よりも甚し、という諺があるが、その意味を卿は存じておるか」

「はっ」

といって吏部尚書はも一つ頭を下げた。こういう時には下手なことをいうと、ひどい目にあうことをよく知っている。

「それはだ、清官というものは、自己の心中に一点もやましい所がないと信じこんでいる。ところがだ、実際の政治の上ではそういう自信が大害をもたらすことがあるものなのだ。悪を憎むこと仇讎の如し、と言ってな。それは天下太平の日ならばそれでよかろう。ところが苦境にあえいでいる人民は苦しさの余り、生きるためには心ならずも法にふれることもせずにはおれまい。それをいっさい妥協なしで刑法を励行されては人民がたまらぬ。ところが濁官ならそういう時に賄賂で免れるという手があるからまだ助かる。清官の手にかかったら最後、浮ぶ瀬がないことを言ったものじゃ。今度の場合は落第だな。しかしこの男は別に使い所がある。大学教授の欠員でもできた時に任命するがよいぞ」

「叡慮のほどは臣等の及ぶところではござりませぬ」

吏部尚書は深く頭を下げた。雍正帝は次に真中の緑頭籤を取り上げて、吏部尚書の顔と見くらべながら訊ねた。

「次は王無党。これはどういう人物じゃ？」

「臨機応変の才があり、剛毅果断の気性をもっております。何事にも積極的によく働き、不可能ということのあるのを信じない男でござります」

「これ勘違いを致すな。今度の人選は前線の大将軍を任命するのではない。人民を助けるためだぞ。疲弊しきった人民をいたわるのは、赤子をはぐくむように、という諺がある。唯でさえ弱り切っている人民のところへ、そんな活動的な長官をやって積極政策をとらせて見ろ。一県中の人民がみんな逃亡してしまって長官一人ぽつねんとあとに取り残されるのが落ちだろう。この人物は軍人にしてやれ。政治には向くまい。昔から軍人が政治をやって成功したためしがない。一時成功したように見えたなら、それはきっともっと大きな禍根を後に残したに相違ないのだ」

「叡慮の深さはいよいよもって臣等愚見の及ぶところではござりませぬ」

吏部尚書はもう一ぺん深く頭を下げた。雍正帝は最後の緑頭籤を手にして、

「藍鼎元《らんていげん》か、これはどんな人物だ」

「一口に申さば、物事の軽重を弁《わきま》えた男にござりまする」

吏部尚書の言葉が終るか終らぬに、雍正帝は膝を叩いて叫んだ。

「それだ。その者を呼べ」

間もなく宦官に導かれて、藍鼎元がしずしず室内に入って来て、雍正帝の前で最敬礼をした。面を上げたところを見ると、年の頃は四十七、八、眉が太く、目尻が切れ上っていて一見、不敵な面魂である。しかしそれは別に傲慢なところから来る不敵さではない。内部に満ち溢れた自信が匿そうにも匿しきれずに、そう見させるのである。

「潮陽県地方には連年天災が打ち続いて人民は塗炭の苦に陥っている。そなたは県知事として赴任して、人民を水火の難から救ってやる自信があるか、どうじゃ」

「恐れながら、天災とは常に申すことでござりまするが、多くの場合は天災よりも人災の方が禍害の甚しいものでございます」

「いかにもよくいった。愚人はえてして人間のなした災禍を天になすりつけて責任を逃れようとするものじゃ。然らば尋ねるが、もしそなたが県知事として赴任した

としたならば、何を第一番にやるつもりじゃ」

「泥棒をつかまえ、悪人を退治してやりたいと存じます」

「こりゃ面白い。だが困窮している人民はどうするつもりだ」

「恐れながら私の僅かな経験でござりまするが申し上げてみたいと存じます。人民は概して甚だ賢いものでございます。人民は慎重に自己の将来の生活を考えて、十年先、二十年先の計画を立てております。その中には何年目にくるかも知れぬ災害のこともちゃんと織りこんであります。また災害と申しましても一方に害があれば一方に得のある場合が多くございます。旱魃の際には高地は不作でしょうが低地はかえって豊作なものでございます。そこで人民は時間的にも空間的にも、多いものを移して乏しいものを救い、調和と均衡とを保って生活を続けていきます。ところがこういう際には、かえって邪魔者が多く現われるものでございます。わざと天災を誇大にいいふらして米価をつりあげて私利を計る者があります。また不作を口実にして金持ちが租税を納めず、かえって貧乏人にそれを転嫁しようとする横着者もあります。そういう悪事はただでは行われませんので、権力者の側近に賄賂を送ります。賄賂が流行しますと、泥棒でも賄賂を出せば見逃して貰えるようになります。

そしてそういう泥棒は実は金持ちや投機屋の中に多いのであります。こういう悪者は平時からも強く取り締らなければなりませんが、災害時には特に全力をあげて退治にかからなければならぬと存じます」

「うむ。もっともな意見だ。してそなたにそれができるかな」

「大へんむつかしいことではございます。と申しますのは、昔からよくある弊害として、悪者ほど口が達者なものでございます。それに権力、金力の背景がありますので、とかく民間のムードをそちらの方へさらって行き、正しい輿論をゆがめがちなものでございます。それには地方長官たる者は、しっかりした意見をもち、たとえ反対が起りましても、それが本当の輿論か、少数の作為した偽りの多数意見かを判断しなければなりません。私自身はたとえ一時は一部からどんな非難を蒙りましょうとも、人民多数のために、身を粉にして働くでございましょう。そのうえは、ただお上からの御信任と、上司の指導をお待ちするばかりでございます。畏くも御《み》稜威《いず》によりましたらば、どんなことでもできぬ事はないと存じます」

「よく言った。すぐ潮陽県へ赴任するよう命令させる。そして一年間は便宜行事、どんな事をやっても上官から咎めだてせぬよう申し付けるぞ。思ったとおりに政治をやるがよい」

雍正帝は上機嫌になった。藍鼎元を退出させたあと、居残っている吏部尚書に向って指図した。

「藍鼎元の任命を早々に発令せい。そして彼の上官等に堅く申し付けよ。一年間は潮陽県に何事が起っても干渉することはならぬ、と。彼を辞職させるのは朕の一存だけだぞ」

こうして藍鼎元は潮陽県の県知事に任命された。その晩、吏部尚書は同僚の吏部侍郎を自宅に招いて酒宴を開いた。

「どうだ、あの件は巧く行ったろう」

「うむ、巧く行った」

二人は目と目を見合せて笑った。乾盃！

「しかし彼を三番目におかなかったら、どうなったか分らんな」

「そのとおり、どうなったか分らん」

「しかし、いつもこのとおりに行くとは限らんな」

「それだから困るのだ。しかし今度はこれでよかったからそれでいいさ」

また乾盃！

「だが、藍鼎元の奴、うまくやってくれればよいが？」

「心配するな、大ていは巧くやるよ」

「彼の成績は同時に僕等の成績に関することだからな。こう黒星続きでは、うっかりするとこれだよ」

と頸をさすってみせる。

「大丈夫、彼ならきっと巧くやるよ。彼のためにも前途を祝ってやろうよ」

二人は言いあってまた乾盃した。

同じ頃、雍正帝は宮中の奥深い一室で、明るい灯火の下に、一心不乱に政治の文書に目を通して、朱筆で何やら書きこんでいた。これは彼が地方の大官から取りよせた秘密の報告書である。毎日、五、六十通も集ってくる。親展状であるから、大臣にも見せないし、宦官を手伝いに使うこともない。自身で封を切り、自身で目を通し、それに自分の意見や命令を朱筆で書いて、そのまま発信者へ送りかえしてやるのだ。夕食後の三、四時間はもっぱらこの仕事にとられる。しかし彼は一晩もそれを休んだことがない。恐らく彼は中国歴代の天子の中で一番の勤勉家であったであろう。

一方藍鼎元は宮中を退出すると、北京の下町にある宿屋へ帰って、遠地へ県知事として赴任するための準備を整えはじめた。何ぶん広い中国の北の端から南の端へ行くのである。荷物もつくらねばならず、伴人も集めねばならず、挨拶まわりもせねばならず、手紙も書かねばならぬ。しかしそのために、始めて見知らぬ土地へ県知事として赴任することの、希望と不安とが彼を緊張させ、身ぶるいを禁じ得なかった。一県の政治は重く彼の肩の上にのしかかっているのだ。

しかし雍正帝も藍鼎元も、立場こそちがえ、実は二人とも目に見えない巨大な官僚機構に動かされ、一人は天子の役目を勤めさせられ、一人は県知事の役割をこれから演じさせられようとしていることに気付かなかった。天子の方は独りで天下の政治を運営しているような錯覚を起していたし、新知事の方は、新任地の人民の幸福と災難とが自分一人の手に握られているように自惚れていた。そして幸いなことに、錯覚や自惚れほど人を勇気づけるものは外にないのだ。

藍鼎元が潮陽県の県知事に任命されたことが、廷抄という官報に載ると、彼の下宿は急に賑やかになった。彼への訪問客の取次ぎで、門番は天てこ舞いする。見知らぬ者が家来にしてくれと言って玄関に座りこむ。今まで良い顔一つしなかった金貸しから、いくらでも軍資金を御用立ていたします、と申し込んでくる。同郷の紳士商人たちが祝儀にくる。同じ年に進士に及第した、いわゆる同年から祝賀の使いがくる。千客万来だ。それらの中で一番応対に面倒なのが、新任地出身の紳士や商人が挨拶にやってくることだ。今まで何の関係もなかったところへ、急に密接な利害関係が生じてきたので、お互いに相手の心中を模索しかねて戸惑っているのだ。

ある日、藍鼎元は潮陽県出身の林某という貿易商の訪問を受けた。商人といっても一通りの教養を受けているから、いわば紳商ともいえる、人柄のよさそうな人物であった。

「お役目御苦労さまに存じます。お聞き及びと思いますが、潮陽県の政治は近来、紊乱に紊乱を重ねて、底なしの泥沼のようになりました。つきましては貴台にもお覚悟のほどがおありと存じますし、私としましても何かお役に立つことができましたらば、何なりとさせて頂きたく存じております」

こういう話を持ちかけてくる人間は、時には非常に役立つ情報を提供してくれるが、時にはまんまと此方を利用する魂胆でやってくるから油断はできない。

「政治は水物と申しましてな。その場へ行って見ないと何とも申せませぬ」

藍鼎元はこういう際にいつも口癖のように言う、当り障りのない言葉で答えた。

「その場へ行って、その場へ行ってですか？」

と紳商は二へん繰り返してから溜息をついた。

「その場へ行ってからでは遅い」

紳商は吐きすてるように言って天井を睨《ね》め出したまま動こうとしない。

藍鼎元はこの客は何か大事なことを言いに来たのだなと思ったので、奥まった別室に招じいれた。

「時に異なことをお尋ねいたしますが、『循吏伝』と『酷吏伝』とでは、どちらが政治の参考になるとお思いですか」

客は商人らしくもない質問を持ち出した。言うまでもなく正史の「循吏伝」には立派な治績をあげた地方官の伝記を、「酷吏伝」には法律を楯にとって粛清の血の雨をふらせた官吏の事蹟を載せている。

「されば何れも一長一短というところでしょう。できるならば『三国志』の諸葛孔明と行きたいところですな」

藍鼎元も客の真摯さに押されて、ようやく本音を吐きはじめた。今まで乱れた国を新たに治めるには、一時的に厳刑を用いて綱紀を振粛せねばならぬ、というのが孔明が蜀を治めた時の政策であった。

「御意見はまことに我意を得たものでございます。このような良長官を得ましたことは、天の与え賜うた幸福と申すべきでしょう。故郷の人民に代ってお礼申し上げます。これで年来の心配も解消したというものです」

客はそういうと、懐を探って一通の封書を取り出した。

「これは何かのお役に立てたいと思って認《したた》めました。ただし極めて秘密に御覧願いたい。これは貴殿の将来のみならず、私の生命にも関わることでござります。貴殿をしかと見込んだればこそ、これをお渡し申し上げるのです」

客が帰ったあと、藍鼎元が封書を開くと、それは一通の名簿であった。順に見て行くと、金剛、天王、羅刹というような綽名《あだな》とともに見知らぬ人の名前が数十人列べてある。何か梁山泊の豪傑の名前を思わせるようなものばかりだ。藍鼎元は抽出しから秘密の帳簿を取り出して、この名簿を細字で引き写した。そして写し終ると原《もと》の名簿を火鉢にくべて焼いてしまった。

翌日、藍鼎元の下宿には同じ潮陽県出身の、別の訪問客があった。監生と名乗る蔡某は見るからに才気走った世なれた感じを与える男だった。監生というのは、金を出して資格を買った太学生のことであるが、別に学問などしている様子はなく、政治の裏表に通じて口利きをしながら利権を漁っている周旋屋であるらしかった。彼はいかにもしんみりした調子で、別に助言をするという風でもなく、さりとて別に嘆願するという口調でもなく、次のような話を語り出した。

「官場《かんじょう》というものは不思議なものです。それは宋代以後一千年も続いてきた官僚機構が生み出した社交界です。そこには自然に一種の慣習法が不文律となって形成されてきました。悪く言う人はこれを官場の習気と言って、鼻もちならぬものだとこき下します。しかし良い悪いを別としてそれは大きな力です。宋以後、何べんかの革命が起って王朝は交代しましたが、一向に変らぬのは官場と、その官場の習気とです。これに巧く順応する者は官界で栄達し、これに逆らう者は亡びます。よく若い青年政治家は、この官場の習気に愛想をつかして、非常な意気込みで改革に取りかかりますが、それはすべて失敗に終ります。王安石をごらんになってもわかります。全く無駄な努力です。私は貴殿がどのような意向をもって私の故郷へ赴任されるか知りませんが、ただ一言だけ、餞けの言葉を差し上げたいと思います。

　古くから官場の道徳として、『旧を救い、新を救わず』という言葉があります。官僚はその任期中に得てして過失を犯しやすいものです。これは決して彼個人の悪意に基づくものばかりではなく、周囲の事情がやむを得ずそうさせることが多いのです。いわば官僚機構全体の不合理が、個人の上に皺寄せさせられる結果です。それで地方長官の任期が来てその地位を去る時、自然に在任中のぼろが出やすいわけですが、武士は相身互い、皆でよってその過失を蔽い匿してやらなければなりません。それが『旧を救う』です。これに反して新たに赴任してきた官吏は、これから先、何年か自由に手腕を振う時間がたっぷりあります。彼は前任者の過失を勇敢にひっかぶる覚悟がなければなりません。その気にさえなれば、自分の在任中に十分清算してやることのできぬはずはありません。すべては新任者の手腕の問題です。ですから周囲の者も新任者に対してはいわば放任の態で、早手廻しのおせっかいを慎むことになっています。それが『新を救わず』であります。

　さてお聞き及びのように、私の故郷の潮陽県では、過去四代の県知事が未決監に繋がれているというていたらくです。これには確かに彼等の落度もあったことでしょう。しかしまた彼等としてやむを得ない事情もあったと認めてやらなければならぬ点があったに違いありません。貴台が新たに赴任せられたならば、必然的に彼等との間に利害関係が生じて参りますが、別に彼等を無罪放免にすべきだとは申しません。しかしできるならば彼等の罪を幾分軽くなるように尽力して頂きたい。それは必ずしも彼等のためばかりではなく、実に貴台のためにもと申し上げるのです。官場の生活で恐しいのは決して天子ではありません。大臣でもありません。かえって正体の摑めない官場の輿論であります。それは時に不合理なように見えることもありますが非常な力を持っております。官場の輿論に順う者は栄え、逆らう者は亡びるのです。

見知らぬ土地に新たに赴任されては、何事につけ不案内のために戸惑いなされることが多いと存じます。そのためにはよい参謀、よい助言者が必要であります。とくに上司と連絡のある消息通が必要になります。幸い私の知人に范仕化という者があって、これは道台のお気に入り者です。御着任のおりには万事、この者に御用を申し付けられましたならば、滅多に粗忽はせぬと存じます」

客が帰った後で藍鼎元は抽出しを開けて秘密の手帳を取り出した。先に林某がくれたブラック・リストの中に范仕化という名が直ちに見出された。そして既にその上に色々な符号が四つ五つもついていた。彼はさらにその上に新たに三角の符号を書き足した。

『鹿洲公案』解題

『鹿洲公案《ろくしゅうこうあん》』は、清《しん》の藍鼎元《らんていげん》、雅号を鹿洲という人の著である。公案とは訴訟事件の意味であるが、この書は、著者が広東省の潮陽県の知事に任ぜられていた二年ほどの間に取り扱った民事刑事の訴訟を裁判した記録である。

藍鼎元は、字《あざな》は玉霖《ぎょくりん》、または任菴《じんあん》という。福建省漳浦県の人で清の康熙十九年に生れ、雍正十一年に没した(一六八〇―一七三三年)。その家系を尋ねると、祖父の藍継善が挙人の資格を得てから読書人の家となり、父の王斌《おうひん》も生員となったが三十二歳でなくなった。藍鼎元は当時僅かに十歳であったから、生計は非常に苦しかった。しかし彼はその時既に四書五経を諳誦していたというほど頭のいい子であった。一族の人たちもその前途に嘱望して陰に陽に援助した。二十四歳のとき優秀な成績で童試に及第して生員となった。当時まだ祖父母が高齢で生存していたので、故郷に帰って書を読み、その学問文章が次第に世間から認められてきた。

四十二歳の時に、故郷の対岸の台湾に朱一貴の指導する大暴動が起った。その時一族の藍廷珍が、総指揮官となって叛乱平定に向ったので、彼は招かれて従軍し、その参謀となって計画を立て、文書を掌り、報告檄文を認《したた》めた。この際の功績が諸大官に認められ、叛乱平定の後に、貢生という資格で地方の県学から、北京の太学へ召し出された。それは天子の代が替って雍正帝が即位した元年のことで、彼は年四十四歳であった。

当時、朝廷では『大清一統志』の編纂を始めていたので、彼はその一部分を手伝った。そこで三年ほど勤めたので、これに対する慰労の意味もあって、彼の四十八歳の時、地方の県知事として転出させられた。最初は広東省潮州府に属する普寧県知事としてであったが、一月たつかたたぬかに、隣りの潮陽県の知事代理を命ぜられた。彼が地方官として腕を振ったのはこの間の二年間ほどであり、名判官として評判が高かったが、その際の自身のメモが即ち本書の内容なのである。

私は旧中国社会の実態を記した書として、これほど面白いものはないと思う。本当に小説よりも面白いのである。小説だと、どんな名人の書いたものでも、必ずそこに虚構のもつ不自然さが現われる。あるいは、そこがかえって面白いのであるが、この書は多少の誇張や改変が絶無とはいえまいが、出てくる人物はあくまでも現実の人物で、それが期せずして複雑なドラマを構成するのである。

この書を正しく読むためには、予め偏見を用意してかかって欲しくないと思う。近頃は、支配者は何でも悪く、下層民は何でもよく、叛乱さえ起せば社会の進歩になり、騒ぎさえすれば、それだけ社会の利益になるというような考えが、一部学者の間にもあるようだが、とんでもないことだ。歴史はできるだけ多方面から見ようとしてさえ、ついそれが一面的な見方に片寄りたがるものだ。始めからレンズの位置と方向とを横向きに固定して、真実の写せるはずがない。

藍鼎元は潮陽県知事として働いている間、その直属上官の潮州府知府胡恂には大いに信用されたが、その上の恵潮道の道台《どうだい》楼儼《ろうげん》の機嫌をそこねて睨まれた。これには幾つかの原因があり、本書の中にもしばしば触れたところがあるが、公平に見てこれは楼儼の方が悪い。楼儼は当時の悪い官僚気質が骨までしみこんだボスである。ところがこの楼儼がもう一つ地位が上って、広東省の按察使という、司法部長のような職についたからたまらない。藍鼎元はいっぺんに弾劾をうけて免官させられてしまった。しかし当時の天子の雍正帝は非常に勤勉で、民政に意を用い、地方の官僚に対しても監督の目を光らせていたので、やがて楼儼という人物の欠点を見抜いて免職にした。そして藍鼎元が浮かび上る順番が来た。

当時両広総督の鄂弥達は満洲人ではあり、雍正帝のお気に入りの大臣であったが、藍鼎元はその推薦によって北京に入り、天子に謁見したうえ、広州府知府に任ぜられた。これは破格の抜擢といえる。ところが不幸にも赴任して僅かに一カ月で、彼は志を抱いたまま病死したのであった。数え年で五十四歳であった。

彼ははじめて県学の生員となった後、しばらくの間はその後の地位昇進を計り、たびたび科挙の試験を受けたらしいが、遂に合格しなかった。そこで彼の学歴は終生、生員に毛のはえた程度の貢生に止まっていた。しかしその学問文章の優秀なことは、世の等しく認識するところで、その一端は彼の遺著『鹿洲全集』二十四冊によって窺うことができる。本書はその中の二冊分を占める。これによっても、中国旧時代の科挙という制度は、実際役に立つ人物を抜擢するに少しも役に立たなかったことが分る。

藍鼎元の学問は、朱子学派の経学を根底とするが、特に実用の学を目的としたものであった。彼の文集の中には台湾統治に関する幾多の意見が収められている。台湾という土地はその後次第に重要さを増して、光緒十一年（一八八五）には台湾省を立てるに至ったが、初代台湾巡撫として赴任し、すぐれた功績をあげた劉銘伝は、何よりもこの『鹿洲全集』を読んで重要な施政の参考書にしたという。藍鼎元の没後百五十年余りたった後のことである。

藍鼎元が活動した清朝の雍正という年号の時代は、また歴史上に極めて重要な意義をもつ時代であった。実は藍鼎元という人の事蹟も、この雍正という時代を背景として始めて理解できるのである。近頃、外国でも雍正時代の研究が盛んになってきたようであるが、これに先鞭をつけたのは、京都大学の文学部と人文科学研究所の有志であることを誇ってよいと思う。私は昭和二十五年に岩波新書の一として『雍正帝——中国の独裁君主——』という小著を公けにしたが、我々の雑誌『東洋史研究』は昭和三十二年、三十三年、三十四年、三十八年と、四回に亘って「雍正時代史研究特集号」を発行している。本書で物足りなさを感じられる方は、これ等の研究を読まれることをお勧めする。

Ⅳ　儒家と文人

孔子

孔子（前五五一—前四七九）は儒教の開祖で、あるいは釈迦、キリストとあわせて、世界三聖と称せられる。中国春秋時代の末に魯国に生れ、あたかも都市国家が領土国家に変質しようとする転換期にあたり、新しい教養ある人才が要求されていたので、私塾を開いて弟子を養成した。これが中国における学問の起原であり、ほかの学派はいずれも儒教の影響を受けて、あとから起ったものである。

孔子は後世になって世人からいろいろな着物を着せられ偶像に仕立てあげられたので、今それらをすべて引き剝《は》がして、裸のままの像を洗い出すのはたいへんむずかしい作業である。しかしできるだけ雑多な不協和音を取り除き、偽りのない孔子個人の履歴書を作れば次のようになろう。

孔子は名は丘、字《あざな》は仲尼《ちゅうじ》、父は叔梁紇《りょうこつ》、母は顔氏。魯《ろ》国領内の陬邑《しゅうゆう》に生まれた。生れてまもなく父を失い、母の手で育てられたので、家は貧乏であった。生活のためにいろいろな賤業《せんぎょう》に従事しながら、孔子は学問に志した。当時の学問といえば、今の世で例をとれば、易者の修業に近く、文字の読み書き、故事来歴の知識、冠婚葬祭の作法などあらゆる方面に及び、したがってまた、なににでも役に立つ雑学であった。当時の大名や権力家はこのような人才を要求していたので、孔子の学問が進むと、そこへ弟子入りして就職の伝手《つて》を求めるものが多くなった。孔子自身も魯の君主に用いられたことがあり、また弟子を引き連れて他の国に流浪したことがあったのは、更によい就職の途を探すためか、もしくは魯国内における政争の余波を受けて住みにくくなったためと思われる。

晩年の孔子は魯の定《てい》公、哀公に仕えて司寇《しこう》という地位になったというが、この位は後世の宰相のようなものではない。当時まだ官僚制が成立せず、大名や領主など権力者の下には家臣団が成長しつつあり、このなかには家庭教師や書記や用心棒やがあったが、孔子もその一人でもっぱら式典係を勤めていたらしい。孔子が弟子に教えたのも式典に必要な作法、すなわち礼を主としたが、ただし孔子は単なる礼の師ではなく、礼の心を教えた。それがすなわち仁であり、信であり、孝であった。

　普通に孔子は忠孝の義務を教えたように言われるが、実際は必ずしもそうでなく、最も重んじたのは信、すなわち人間の信頼関係であった。当時はまだ古来の都市国家の市民生活様式が強く残っており、信こそは市民と市民の心を維《つな》ぐ鎹《かすがい》であり、忠も孝もその一形態にほかならなかったのである。孔子が弟子を教える際に教材として利用した歌曲や習字手本は、のちに編纂《へんさん》されて『詩経』、『書経』となり、弟子との対話集は『論語』となった。孔子は当時としては長寿の七十三歳で弟子たちに見取られて病死した。

　これが孔子の略歴であるが、まことに平々凡々たる一市民の生涯であった。これを強いて異常なものに解しようとするのが、従来中国における扱い方であり、そのため孔子の伝記はたいへん分りにくいものになった。史料として使えそうなものはたくさんあるのだが、さてそれがはたして確実な記録かと、いちど考え直すと、どれも疑わしいものばかりである。

　まず孔子の生年がはっきりしない。普通に魯の襄《じょう》公在位の二十一年（紀元前五五一年）十一月庚子《かのえね》の日とされているが、これは『春秋公羊伝《しゅんじゅうくようでん》』の記述によるものである。同じ『春秋』の注解書でも、『穀梁伝《こくりょう》』は一カ月違って十月のこととし、『史記』の「孔子世家」では一カ年違って、翌年のこととしている。おそらくこれは『公羊伝』が正しいので、ほかの二書は文字の誤りがあったと認められる。なぜかと言えば襄公二十一年十月は庚子の日がなく、また『史記』は孔子の年齢を七十三歳と言っていながら、その生年に従うと七十二歳にしかならない。このように生年月日の記事がいろいろに書かれて、しかもだれも意に留めなかったのは、中国では古来誕生日を祝う習慣がなかったためであると思われる。

孔子の卒年は魯の哀公治世の十六年（前四七九年）四月己丑《つちのとうし》であることについて、『春秋左氏伝』も『史記』も記述が一致しているから、まずは問題ない。中国では人の死を重んじ、葬儀を丁重に治め、死後の祭をも絶やさぬので、没年、命日は正確に伝わったのであろう。

そこでこの七十三年にわたる孔子の生涯の内容が問題であるが、古来の伝記史家は、それぞれ来歴の異った雑多な故事をどうすれば矛盾なく排列することができるかと苦心して、一篇《ぺん》の孔子伝を作りあげたものである。その最初のものが『史記』の「孔子世家」であった。しかし考えてみると孔子の本領は政治家でもなく、事業家でもないから、もしその細かい事跡をどんなに多く集めて排列してみても、ただそれだけのことで、それによってほかの大事な事柄が分ってくるという望みはほとんどない。むしろ孔子のような人物の場合は、個々の行動はあまり問題でなく、それよりも総体として、彼は生存中に社会からどのように遇せられたか、後世にどんな影響を与えたか、その評価はどんなに変遷したかを究めることのほうが重要ではあるまいか。そしてそのためには、どんな方法があるかを考えることが先決問題である。

孔子の人物を知るための史料には、大別して二系統の記録がある。その一つは『論語』であり、これは孔子の弟子たちの間に伝わった孔子の言行録であり、孔子と弟子との間の対話集が中心となっている。門弟子の孔子観であるから、いきおい孔子は偉大な教育者として映し出されている。その記録の正確度は、孔子に最も近い弟子から得た情報によるものであるから、自然に信頼性が高いと言える。しかしずっと後世になってから、伝聞によって得られた知識の付加されたものもあり、それらはときに不協和音となって、内容の調和を乱している。

第二は『史記』の「孔子世家」であり、著者の司馬遷《しばせん》はその生存した漢代初期において、能《あた》うかぎり広く史料を採集し、取捨を加えて編次した。そのなかにはもちろん

『論語』も含まれているが、そのほかにも『春秋』の三伝や、諸子百家の語を採ってっている。だから今日これを読むと内容がはなはだ雑駁《ざっぱく》で、『論語』を読んだときとは異った印象を受ける。なかでもはなはだ孔子らしからぬ事跡が語られている次の二条は、古くから問題視されてきた。

その一つは夾谷《きょうこく》の会の段であり、魯の定公と斉《せい》の景公とが国境に近い夾谷で会合したとき、孔子は定公のために礼を助ける相《しょう》の役を勤めた。斉の国の側では、定公を愚弄《ぐろう》しようとし、宮中の楽を奏したいと申し入れ、俳優どもが進み出て戯事を演じた。孔子が進み出て景公に向い、賤人が大名に対して無礼を働いたときは処刑するのが常法であるから、これらのものは此方《こっち》へ引き渡して貰《もら》いたい、と強請し、役人に命じて刑を加え、首を刎《は》ねて屍体《したい》を送り返したとある。この俳優というのは奴隷の道化師と思われるが、主人の命に従って行動しただけで、べつにそのものの罪ではない。これに対して死刑を加えるとは、普通の人間でも忍びないことを、孔子があえてしたとはどうしても考えられない。

いったい『史記』のこの段の記事は、『春秋』の『穀梁伝』によったもので、『左氏伝』を見ると、孔子がこの会合に立ち会ったとは書いてあるが、俳優の件は全く見えておらず、『公羊伝』に至っては、この会合のことを全然問題とせず、一字も言及していない。このように三伝の扱い方がそれぞれ異っているのは、そもそもなにを意味するのであろうか。我々は『穀梁伝』と『左氏伝』とに共通する事実、すなわち孔子が夾谷の会に定公の相となったことまでを認め、それ以上については『左氏伝』に従い、『穀梁伝』にだけ伝える俳優殺害のことを根拠のない単なる異聞としてしりぞけるべきであろうか。あるいは『公羊伝』が全く孔子について記すことのないのに従い、『穀梁伝』、『左氏伝』の記事をすべて後世の捏造《ねつぞう》としてしりぞけるのがよいであろうか。三伝のなかでは『公羊伝』の解釈が最も政治色が強いにもかかわらず、孔子が政治的に活躍したこの段の話を全く無視しているのは不思議である。

『史記』がこのほかにもう一つ、孔子らしからぬ逸事を伝えているのは、少正卯《しょうせいぼう》の事件である。『史記』によると孔子は定公に用いられて宰相の代行に任ぜられたが、なによりも先に行ったのは、これまで政治を乱していた大夫《たいふ》の少正卯を誅《ちゅう》したことであった。このことは『荀子《じゅんし》』に出ている話だそうであるが、どうも孔子の行為としてふさわしくない。いったい『史記』の著者、司馬遷は書いてあること、耳で聞いたことをなんでも信用しすぎる傾向があり、全体としての調和を深くは考えない弱点があるようである。

『史記』から受ける孔子の印象とは全く異った孔子像が描かれているのは、より根本的な史料と認められる『論語』である。ここに出てくるのは果敢な行動に出る政治家孔子ではなくて、虫も殺さぬ教育者の孔子である。ここには夾谷の会も、少正卯の事件も出てこない。それがけっして知っていながら書きもらしたのではなく、はじめから、そのような孔子像があろうとは夢にも思いがけない立場なのである。なんとなれば、ここでは、もしなにか騒ぎが起れば、いつも孔子は被害者の側に立っていて、それをじっと耐えているタイプなのである。それがそのまま彼の政治論としても現われている。

魯の家老の季孫肥が孔子に向って政治のやり方を尋ね、「道義国家を建設しようという理想のためには、無道な人間を殺すのも已《や》むを得ないことでしょうか」と聞くと、孔子は「とんでもない。政治をするのに何で人を殺す必要がありましょうか」と答えた。『論語』に出てくる孔子はほとんどすべてこのような孔子である。もちろん『論語』の編集者が一人であったとは限らないが、これに携わった人たちの孔子観は、一致して司馬遷のそれとは非常に異るものであったのである。

それならば司馬遷の孔子像はどこからきているかを考えると、それは戦国時代から漢初にかけての長い内戦混乱の間に生じた人生観の変遷に由来する。孔子が生きた春秋時代には、まだ古来の身分的階級制度が残り、伝統的な道徳も残っていた。孔子の考えはその古い伝統を新しい理想によって解釈し直し、換骨奪胎してこれを保存しようというにあった。しかるに戦国時代に入ると、古い制度、古い観念はすべて崩壊し、もっぱら実利実用が尊重されるようになった。そういう世のなかでは権力がすべてに優先する。それにしたがって、孔子の学問の流れをくむ儒教の徒の孔子に対する考え方も変ってきた。

もし孔子が単なる民間の教育家であるなら、それほど尊敬するには当らない。孔子は少くとも自己の抱いている政治の理想を実現させるだけの能力があり、また実際にそのために努力した政治家でなければならない。儒教の徒もまたそのような政治的才能があってこそ、権力者に仕えて立身出世することができるのである。こうして孔子が有能な政治家であったとする幾多の逸話が創作され、儒教そのものも政治化し、そうすることによって権力と接触し、世間的に勢力を得るようになったのである。

儒教が世間的に勢力を得ると、必然の結果としてほかの学派との間に競争が生ずる。

秦《しん》（前二二一—前二〇六）の時代には、そのために官学たる法家から圧迫され、厳しい弾圧を受けねばならなかった。しかし漢代に入ると儒教は勢力を盛り返し、やがて他の諸学派を圧倒し、武帝の世になると官学に立てられ、政府から特別の保護を受けるに至った。司馬遷は実にこのような世にその生をうけたのである。したがって彼の孔子観もまた当時の影響を免れることができなかったのは当然である。

『史記』に描かれた孔子は政治性に重点のおかれた孔子である。いったい『史記』は人間の事跡を記すために、「本紀」、「世家」、「列伝」の三部門を立てるが、これは権力による格付けにほかならない。すなわち、第一級の権力者たる帝王のためには「本紀」を、第二級の権力たる諸侯およびこれに準ずるもののためには「世家」を、第三級の個人的な有能者のために「列伝」を設けているが、孔子は第二級の世家と判定されている。その理由は孔子の個人としての人格を尊敬したためではなく、その社会的な地位を考慮したためである。

司馬遷の言うところによれば、孔子自身は一市民にすぎなかったが、その子孫は十代余にわたり、その学問を伝えて学者から尊敬を受けるのみならず、天子といえども教育の点では孔子の教義を正統として尊んでいるから、これは至聖と言うべきだ、とある。この考えは儒教のなかでも、孔子を尊んで素王、すなわち無冠の帝王だとする公羊学派の説に近い。功利主義の世の中では、すべてを権力を標準として評価するので、孔子は堯舜《ぎょうしゅん》以来の先王の道を継承して、これを漢の王室に伝えた功労者であり、いわば潜在的な天子であった、と考えたところに素王の説が生れたのであった。『史記』が孔子に与えた評価は後世まで継続した。それはあくまでも世家、すなわち帝王と庶民との中間的な存在にほかならなかった。だから後漢（二五—二二〇）の初めに学校を建てて教育の開祖を祠《まつ》ったとき、先聖として周公、一段下って先師として孔子を祠ったのである。周公は文王、武王を助けて先王の道を実行したが、孔子は単にそれを祖述したにすぎぬからである。政治家としては確かに孔子は周公に一目おかなければならない。

西晋《せいしん》（二六五—三一六）の時代に入って、周公は儒教の聖人の座を孔子に譲ってしりぞき、孔子が先聖となり、弟子の顔回が先師と称せられるようになった。おそらくこれは仏教からの影響で、儒教における孔子の位置は、なんと言っても仏教における釈迦《しゃか》の位置と同じなので、仏教に接した中国人は自然に孔子を儒教の開祖として認めざるをえなくなったのであろう。しかしながら儒教は依然として先王の道であり、孔子は政治家として扱われていたので、この傾向は唐代（六一八—九〇七）まで続いている。唐代に『史記』の注釈書を著した司馬貞は孔子の徳を称《たた》えているが、特にその著しいものとして、少正卯を誅したことと、夾谷の会における決断とを挙げて賞《ほ》めているのである。

ところが宋代《そう》（九六〇—一二七六）に入ると、この傾向は大きく方向転換する。それは『史記』的な孔子観の崩壊を意味する。まず北宋の王安石は、『史記』が孔子を世家のなかに扱っていることに批難を加える。「孔子は生存中は諸侯の位に上ったこともなければ、これに準ずる貴族に列せられたこともない。だから孔子を世家とするのは史実に反するし、また史実に反するやり方で尊敬したつもりでも、それは尊敬したことにはならない。孔子の真価という点になれば、あるいは帝王よりも勝《すぐ》れているかも知れぬから、世家ではまだ不足だとも言えるであろう。また事実に従って、他の権力をもたぬ人たちと同じく、列伝のなかに置いたからといって、それで孔子の価値が減ずるものでもあるまい」。こういう王安石の議論の根底には、政治的な権力を尺度として人間を計量しようという司馬遷の態度に対する批判がある。

この点を更に進めたのが南宋の朱子である。朱子は『史記』を読んで夾谷の会と、少正卯を誅したとの事実を疑うが、その根拠は『論語』に全く触れていないからである。朱子こそは、孔子を知るためには、もろもろの雑多な記録を後まわしとして、なによりもまず『論語』に拠《よ》ろうとした人である。朱子は儒教の経典のなかで、最も『論語』を尊び、これに『孟子《もうし》』と『大学』、『中庸』を加えて四書と名づけ、新しい注を加えて学者に読ませた。そしていわゆる先王の道を記した五経は、これ以後かえって第二次的な経典として扱われるようになった。

このことは、孔子の人間像が政治家から教育者に変ったことを意味する。そして朱子学が儒教の正統と認められて政府の保護を受け、ことに科挙の答案には朱子学の説でなければ及第できぬようになると、その学説が一世を風靡《ふうび》するに至った。ここに教育者孔子という人間像が決定的となった。宋以後、元《げん》、明《みん》を経て清《しん》朝に至っても、この大勢は変らない。ことに注意すべきは、清朝の学界には考証学が流行し、考証学は宋代の朱子学をしりぞけて、儒教を漢代の昔にかえすというのがスローガンであったにもかかわらず、こと孔子の人間像に関するかぎり、『史記』の見方に賛成しないで、朱子の立場を採っている点である。たとえば、崔《さい》述の有名な著書『考信録』のごときも、『史記』の夾谷の会についての記載に疑問を抱き、少正卯を殺した事実などは全く捏造であると断定している。

それならば、宋以後の中国では、孔子にまつわる『史記』の世家的な色彩はすっかり払拭《ふっしょく》されてしまったかといえば、必ずしもそうではないのである。それは孔子の子孫が現存して、歴代の天子から世家なみの待遇を受けてきたという事実があるからである。

孔子が活動した魯は現今の山東省曲阜《きょくふ》県であるが、戦国時代の末に魯国が楚《そ》に滅ぼされ（前二五五年）、次いで楚も滅び、秦《しん》漢の時代になると、その間に魯の君主、貴族らは散り散りになって行方が分らなくなり、代って孔氏の一族が繁栄するようになった。孔子の子孫は代々孔子の廟《びょう》を守ってその学を伝え、その土地の住民もこれを擁護し、全国の学者はここを儒教の聖地として参拝に来た。北宋の天子は孔子四十六代の孫の当主に衍聖《えんせい》公の爵を与え、以後代々その名を嗣《つ》ぎ、一種の特権待遇を受ける貴族となった。清朝が滅んで国体が改まり、中華民国となったのちも、孔氏に対する尊崇は変らなかった。さすがに爵位ではふさわしくなくなったので、国民政府は孔子七十七代の当主、孔徳成を孔子廟の奉祀《ほうし》官に任命した。このようにして曲阜は孔氏の都となり、広壮な廟堂を中心として一族が聚居《しゅうきょ》し、広い美田を占有してその収入を維持費にあてる。儒教の学徒はこの地に詣《もう》でると、政府の庇護《ひご》の厚いのを見て安心するのであるが、一方には、孔氏があまりに密接に政権と癒着《ゆちゃく》して特権階級となり、いわゆる世家的性質を保存することに対して、批判の声が上ってくるのも免れない。

民国初年の五《ご》・四《し》運動の直前、陳独秀、胡適《こせき》らが思想革命、文学革命を唱えた際、孔子および儒教は新思想家の攻撃の的となった。このときはもっぱら儒教の非人道性、反社会性が取り上げられて批判を加えられたのである。しかし当時においては政府側はむしろ儒教擁護の立場をとっていた。しかるに中華人民共和国が成立してから風向きが少しずつ変り、一九七四年に至って、今度は批林批孔という形で、失脚した政界の大立者林彪《ぴょう》とあわせて、孔子に対する非難が再開された。批判の根拠は階級闘争史のうえから見て孔子の反動性を衝《つ》くにあり、孔子は当時すでに崩壊する時期に達していた中国奴隷制を温存して支配階級に迎合しようとした、と言うのである。この場合はなおそのほかに孔子の子孫が代々曲阜における土豪劣紳で、政府の保護を笠《かさ》に着て、付近の貧乏な小作人や労働者を搾取し続けてきた、という攻撃も加わっている。つまり孔子子孫の現実に世家的な性質のあることが取り上げられて批判され、更にその根源は孔子の思想そのものにあるとされ、『論語』があわせて非難の的となった。しかも今度は政府、党、人民、すべてが一致しての攻撃であるから、孔子の側には立つ瀬がない。もちろん純然たる第三者から見れば、この批孔の論理には納得できない節も多い。

以上、孔子の伝記そのものよりも、孔子が世人からどのように理解され、どのように評価されてきたかを、時代を追って紹介したが、孔子のような人物の場合は、それがいちばん大切だと考えたからである。なんとなれば孔子を孔子たらしめたのは孔子自身の力ではなく、これを取りまいた社会環境、言いかえれば時勢の力であった。ほかの国の歴史においてもしばしばこれと同様な例が見られる。もし孔子の生きていた時代、もし孔子が居なかったなら、代ってその位置を墨子が占めても、老子が占めてもよかった。なんとなれば孔子の教えは実際には少しも守られていなかった。要するに権力者には利用するに便利な偶像さえあればよかったからである。その点は日本では事情がすこし違う。日本では孔子は権力者に利用されることが少く、『論語』がもっぱら教育に利用されたので、『論語』によって孔子の人柄を想像してきた。この見方のほうが真実に近いので、公平に孔子を評価し、素直に『論語』を理解するには、日本人がいちばん適していると思われる。

〔参考書〕　蟹江義丸『孔子研究』（一九〇四年、金港堂、絶版）が伝統的な孔子観に明治的な新しさを添えたもの。和辻哲郎『孔子』（一九四八年、植村書店）は偉大な教育者として孔子を見たもので、その根底には武内義雄の考証がある。その後文献学的見地から新しい見方を試みたものに、貝塚茂樹『孔子』（岩波新書、一九五一年）、白川静『孔子伝』（中公叢書、一九七二年、中央公論社）などがある。本項の内容を知るには、宮崎市定『東洋史上における孔子の位置』（『東洋史研究』第四巻第二号、一九二六年、『アジア史研究』I所収、一九五七年、東洋史研究会）を読まれたい。歴代の孔子観の変遷については宮崎市定『論語の新研究』（一九七四年、岩波書店）の第一部「歴史編」を参照のこと。

朱子とその書

朱熹《しゅき》あざなは元晦《げんかい》、または仲晦、号には考亭、紫陽、晦庵、晦翁、遯翁、雲谷老人、滄州病叟などいろいろある。文公はそのおくりなであり、学者は尊称して朱子という。

朱子の本籍は徽州婺源《ぶげん》県万年郷松巌里にあり、徽州は別名を新安郡というので、朱子は自ら新安の人と名乗る。祖先いらい、土着の農家であったらしいが、朱子の父朱松が始めて北宋末に太学に上り、卒業して福建地方の官についた。間もなく北宋が亡び、天下が大乱に陥ったので故郷に帰って親を侍養したが、南宋の高宗が臨安に都を定めて東南を確保したので、朱松は召されて中央の官職につき、四十七歳で卒した。時に朱子は十四歳の年少であったから、父の友人なる劉子羽に依り、建州の崇安県、建陽県を転々として、その指導の下に受験勉強をした。その功空しからずして、十九歳で進士となり、泉州同安県の主簿に任ぜられて、官吏生活の第一歩を踏み出した。

このように朱子は福建地方と縁が深いので、かれの学を閩学ともいうのである。

しかしながら朱子の官界における履歴は決して花やかなものではなかった。かれが実際に官吏として働いたのは、地方官として九年、中央政府で四十日と称せられる。かれが地方官としての朱子はあまりに正義感が強すぎ、地方政治の弊害を見ると坐視するに忍びず、非違を弾劾し、民利を興建するに熱心で、その性急なことは王安石以上であったらしい。剛直で圭角があり、中央の大官と衝突しても、どこ迄も自己の意志を押通そうとしたので、かれの地方官たる地位は、何処でも永続きはしなかった。

朱子は地方官は単なる行政官であるばかりでなく、同時に教育者でなければならぬと考えた。だから、かれは政務の暇に、学徒を集めては経書を講じた。かれが南康軍の知事となったとき、管内の廬山にある白鹿洞書院が荒廃していることを聞き、これを復興して講学の所としたのは有名な話である。地方官として思うように手腕を振うことの出来なかった朱子は、学問、教育を通じての社会の再建に志した。それは官学の教授になることではなく、私学を振興することであった。私学とは建物のことでなく、学徒の講学のことである。幸いに当時、祠禄という制度があって、実際に責任ある官吏の地位につかなくても、国立の道教廟観の管理をするという名目で、休職手当を貰うことができた。朱子は官吏資格を得てから五十年間、ほとんど休職手当の貰い通しであった。その手当は勿論、豊かなものではなかったので、貧乏をしながら、同じ貧乏な学生を集めて講義をし、著述を行った。

朱子一派の私学が次第に盛大になると、これが道学と称せられ、あるいはこれを偽学として排斥する者をも生じた。たまたま天子光宗は暗愚で、その皇后に掣肘を受け、失徳があったので、宗室の趙汝愚が、太皇太后の甥の韓侂冑《かんたくちゅう》と計り、光宗を上皇にまつりあげ、位を子の寧宗に譲らせた。趙汝愚は宰相となると、朱子を抜擢して侍講に任じ、大いに道学者を登用しようとしたが、間もなく韓侂冑の陥るところとなり、朱子は四十日で政府を退き、趙汝愚は流されて配所で卒した。ついで道学を指して偽学となし、偽学の禁が発せられ、趙汝愚以下五十九人を偽党と名付け、籍を造ってその登用を禁じた。これがいわゆる慶元の党禁である。かくて朱子はいよいよ失意の中に、慶元六年（一二〇〇）、世を去ったのである。

その後、理宗の時代になると道学は朝野を風靡して、儒教の正統と認められるようになり、朱子は太師、徽国公を贈られ、孔子の廟に従祀されるに至った。

朱子は中国における近世的哲学たる宋学の大成者であると同時に、いわゆる東洋道徳の樹立者でもある。恐らく今日でも、日本、中国、朝鮮などを通じて、意識下にある道徳思想の地盤を求めたなら、それは朱子学であろうと思われる。その「朱子家礼」が、冠婚葬祭の儀式を定め、中国や朝鮮で襲用されてきたところを見ると、朱子学は一種の宗教ともいえる。後世にこれほど大きな影響を及ぼした人は、朱子以後、東洋においては勿論、西洋においてもあまり例がないであろう。

名士の書を論ずるのは、書家の書を論ずるよりも六ツかしい。大学者であるからといって、それに比例して書がよいとは限らない。朱子のような大物になると、いよいよその取扱いが六ツかしくなる。朱子は単に大学者であるというばかりでなく、孔子の塁を摩するほどの聖者であるから、その書をあまり良く見すぎてもいかぬが、さりとて低く見過ぎてその徳を傷けてもならぬ。

朱子の書は王安石の書に似ていると、古くからいわれている。これはいろいろ理由のあることで、かれの父朱松は王安石の書を好み、その真筆を秘蔵して臨摹《りんぼ》したことは事実である。その友人の言を借りると、「朱松は道を河洛（程明道・程伊川）に学び、文を元祐（蘇東坡）に学び、書を荊舒（王安石）に学んだのは解し難いことだ」という。こういう父の書風に感化されて、朱子の書が王安石に似てきたことは、十分にあり得ることである。

ところが王安石の書であるが、今日その真筆と伝えられるものには確かなものが少いので、本当のことは分らない。何でも極端に性急な字で、日の短い秋の暮に収穫に忙しくて、人に会ってもろくろく挨拶もしないような字だと形容される。恐らくこれは書簡や文稿についていったものであろう。そしてこれも理由のあることだと考えられる。文章をつくる時に妙思が一時に沸くと、急いでそれを書きとめなければ忽ち消えてしまうから、まごまごして居れない。着想が速く、詞藻が豊富なほど字は忙しくなるのである。王安石の書はきっとそういう字であったろうと思われる。

しかるに朱子の意見によると、本来、文字はゆっくり書かねばならぬものだ、というから、我々はここで一寸戸惑いする。北宋の名臣韓琦の欧陽脩に与えた書帖に、朱子が跋を作っていう。

張敬夫がかつて言った言葉に、王安石の書は大忙中に写し来ったものだ、いったい王安石はどうしてこんなに忙しいことがあったのだろう、とある。これは戯言であるが、確かに痛い所をついている。いまこの韓琦の書帖を見、また以前に見たかれの筆蹟と照し合せて考えると、かれの書簡はたとえ親戚の目下の者に与えるものでも、常に端厳謹重、ほぼこの帖と同じく未だかつて一筆も行草の勢を雑えない。思うに韓琦は胸中が安静詳密、雍容和予であるから頃刻も忙時なく、纎芥も忙意がない。王安石の躁擾急迫なると全く正反対である。書札は細事であるが、そこに人の徳性がそのまま現われるものであって、恐ろしく緊密なつながりがあるものなのだ。実は自分もこれについては大いに反省させられる。（朱子大全文集巻八十四、跋韓魏公与欧陽文忠公帖）

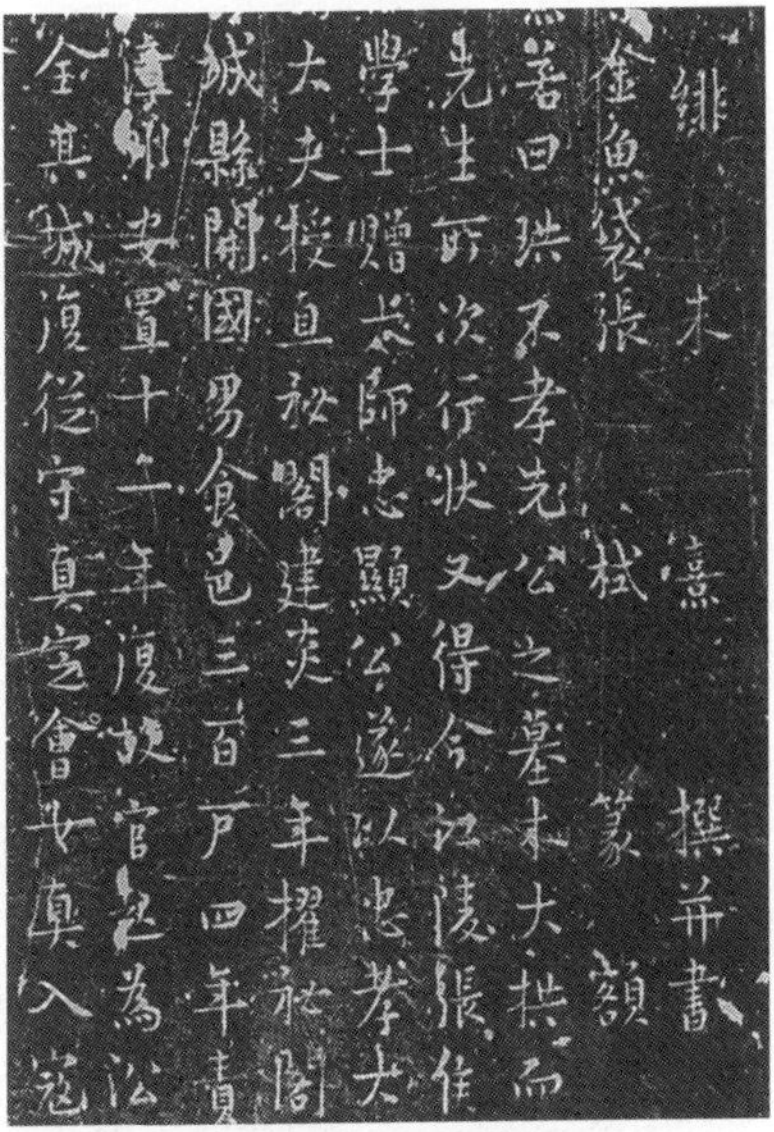
朱子書劉子羽神道碑拓本

この跋文は甚だ面白い。朱子は王安石を借りて来て自分の書が矢張り性急で駄目だといって謙遜しながら、韓琦の書の端厳なのを賞めているのである。これによって朱子は、文字は人格を現わすものだから、落付いてゆっくり書くべ

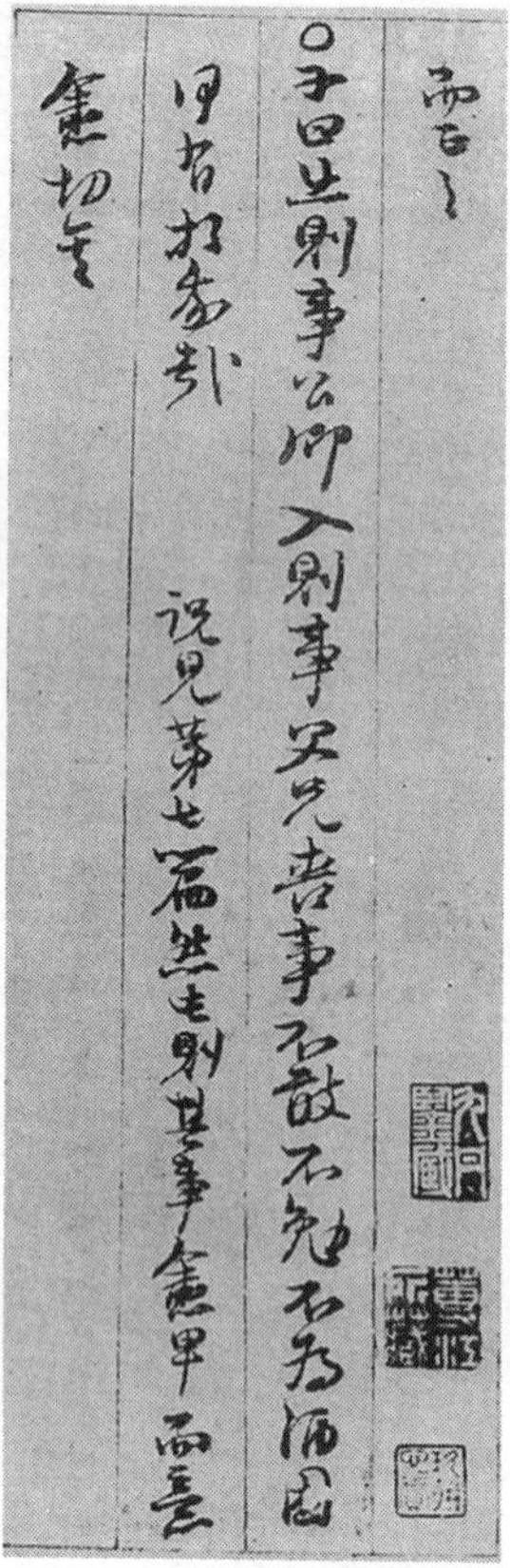
朱子論語註稿本

きだと思いながら、実は大ぶん忙しい字を書いていたことが判明する。確かに朱子の文稿を見ると、実に忙しく、何かに追いかけられながら書いたような字がある。論語集註残稿（図）などはそのよい例だと思う。ただし稿本の字の忙しいのは、一方からいえば、筆の動きよりも頭の働きの方が速いことを示すもので、決して学者の恥にはならないであろう。

朱子は学問上の立場から、しばしば王安石の悪口をいうが、実際は両人の性格には甚だ多くの共通点があったらしい。政治上の意見ではほとんど違った所がない。もし朱子が王安石のように廟堂に立つ機会を与えられたなら、きっと王安石と同じようなことをやったに相違ない。王安石の書に対する批評が、ほとんどそのまま朱子の書にあてはまる場合があるのは決して偶然ではない。

しかし以上は小字の稿本についていったので、大字の清書したものになると、話は異ってくる。朱子の説を綜合すると、

書は唐代が一番盛んであった。しかし、唐代になると各人がそれぞれ自己の個性を示そうとするようになって、漢魏の楷法が廃れてしまった。それでもまだ古来の典則というものが残っていて、宋代に続き、蔡襄まではその典則を守っていた。その後、米元章（芾）、黄魯直（庭堅）らが出て、欹傾《いけい》側媚、狂怪怒張の勢を極めるようになった。なるほど確かに良い所もあるが、要するに世態の衰えたことを示すもので、人物もまた昔に及ばない。

これによると朱子は、黄・米の奔放痛快な、斜めにゆがんだ書の長所を十分に認めながらも、結局それは変態の書だと貶しているのである。そんなら朱子自身はどんな字を書いたであろうか。一番確かなのは、宋故右朝議大夫充徽猷閣待制贈少傅劉公神道碑の刻文である。これは朱子の父の友人であり、また自己の恩人なる劉子羽の石碑で、淳熙六年（一一七九）に、その子劉珙が建てたもので、碑文は朱子が撰しかつ書

するところ、篆額は張栻（号は南軒・字は敬夫）の筆である。朱子のこの書を見ると、少しく艶態を含んでいるが、それにも増して骨があり、シンが通っている。矢張り朱子の性格が現われているのであろう。かれはいう、「筆力到れば、字みな好し」と。

もう一つ、行体の大字をつけ加えるならば、清末光緒十九年（一八九三）に、呉大澂が朱子の墨蹟を得て、湖南の嶽麓書院に碑を建てて刻したものがある。これは朱子がその友人張栻に贈った離別の詩二首で、この詩は朱子文集巻五に載せられている。いまその拓本を見ると、商字を商に作ったりしているが、当時の俗体に従ったのであろう。しかし当時の流行のように斜に傾いていず、ただ少しうますぎるようにも思えるが、呉大澂の鑑識眼に敬意を表して採用することにした。

〔参考〕

朱子年譜
宋史巻四二九
朱子全書巻六十五字学
秋月胤継・朱子研究

張溥とその時代——明末における一郷紳の生涯

一　郷紳とは何か

長い中国の歴史を見渡すと、普通には専制政体と称せられ、或いは独裁政治とよばれる権力の抑圧の下に、民衆は只屈服か反乱かの二途しかなかったかと思われるかも知れないが、実はそうでなく、そこには輿論もあり、政党もあり、政治運動もあり、反権力闘争もあった。ただ中国においては、当然のことながら近代西洋社会におけるそれらの動きとは、全く異った形態をとって行われざるを得なかった。そして中国における政治運動も、また当然のことながら、時代に応じてその形態が変ってきている。それはその時々の社会状勢に対応するものであった当然の帰結である。これを明代についてみると、明末の東林運動や、復社の運動は何よりもよく当時の社会状態に密着して行われたものであった。それだけ歴史学の研究題目として興味もあり、有益でもあると言えよう。

この二つの政治運動において中心的な役割を果したのは、郷紳なるものの存在である。郷紳とは読んで字の如く、在郷の搢紳《しんしん》、すなわち地方在住の知識階級にして官位を持ち、同時に大地主、又は資産家を兼ねたものであるが、この階層が社会に及ぼす作用は三つの面に要約することができる。第一は郷曲に武断することであり、これは土地の弱小民衆の上に権力又は財力を以て影響を及ぼし、意のままに動かす作用を言う。ここで注意しなければならぬのは、この作用は必ずしも常に地方民衆を抑圧するとは限らず、時には民衆の希望を代弁する場合もあったのである。第二は官政を把持することであり、郷紳はその実力によって、地方官庁の政治に圧力を加え、政治方針に干渉したり、その実施に異議を唱えたりすることがあった。これもその結果がいつも害毒を地方に流すとばかりは限ったわけではない。ずいぶん、弱きを助け強きを挫くといった義俠的な行動もあったのである。

第三には更に進んで遥執朝柄、遠方に居ながら中央政府の方針を動かすに至るが、これはどんなことであろうか。この言葉は、先には東林の際に、後には復社の張溥《ちょうふ》の場合にも用いられている。東林については、明の蔣平階の『東林始末』万暦三十九年五月の条に、給事中朱一桂、御史徐兆魁の疏を載せ、その中で、

顧憲成は東林に学を講じ、遥に朝政を執る。

と言い、張溥については、『明史』巻二八八の彼の伝に、刑部侍郎蔡奕琛《さいえきしん》が、獄中から、

溥は遥かに朝柄を握る。己が罪は溥に由る。

云云と申立てたことを記し、『東林始末』崇禎十四年六月の条には、同じ蔡奕琛の言葉を、

一里居の庶常にして、党を結び権を招き、陰に黜陟《ちゅっちょく》の柄を握る。

と言いかえている。一里居の庶常は即ち一郷紳に外ならない(1)。

郷紳が郷曲に武断し、地方政治に容喙することまでは、当然ありそうなこととして理解できる。併し朝廷の政治までも動かすことは本当に可能だったのであろうか。特に張溥の場合は、その運動によって、前大学士の周延儒を再びその位に復活させたと称せられる。もしこのような事が、そのまま事実であったなら、そもそもこんな事を可能ならしめた明末の社会を動かすメカニズムの正体は何であったか。これは私が従

前から抱いていた疑問であり、本編は自らこの問いに答えようとする試案なのである。

史料は主として、中国内乱外禍歴史叢書の「東林始末」に収むるところの、蔣平階の『東林始末』、呉偉業の『復社紀事』、眉史氏（陸世儀）の『復社紀略』、及び『崇禎実録』、『明史』、谷応泰の『明史紀事本末』、『明紀全載輯略』等により、特に『復社紀略』を用いることが多かった。出処を記さないものは概ね同書による。ほぼ年代順に記録しているから、検索に難くない。ただ本書は完結していないものの如くである。『明紀全載輯略』は正しくは『通鑑全載』の一部を占める「明紀」で、巻四十から始まり巻五十五に至る。朱青巌の著で、巻頭に康熙三十五年礼部尚書張英の序がある。

二　東林から復社へ

東林についてその詳細を論ずることは、今はその暇もないし、またこの小論の目的とする所でもない。併し東林はここに問題としようとする復社を理解するため、いきおい論及せざるを得なくなるほど深い関聯を持った先行事件であるから、必要最小限度にその性質の二、三の点に一瞥を与えておこうと思う。

その第一は東林の起源が普通に万暦二十一年（一五九三）の京察と、これに続く翌年の廷推にあるとされている点である。京察、すなわち京官考察は六年毎に行われる中央政府官吏に対する勤務評定であり、この年の京察において吏部では、宰相たる内閣大学士の側近者に悉く落第点をつけて物議をかもした吏部尚書孫鑨《そんろう》、考功郎中趙南星が責任をとって罷めさせられた。実はこの原案は吏部文選郎中の顧憲成の意見によるところが多かったので、彼は同時に罷められんことを請うたが取上げられなかった。

その翌年に廷推が行われた。廷推とは内閣大学士を任命する際に、吏部が三品以上の官を会同して評議し、候補者数名の名を列して奏上し、天子の裁断を請うことを言うが、併し時には天子が廷推を用いないで、特旨を下して任命することもあった。この年に吏部から推薦した候補者は天子の意向に反したため譴責を受け、尚書が罷免せられたので、文選郎中の顧憲成が上疏して弁護し、更に天子の怒りに触れて追放（削籍）処分を蒙った。これが東林運動の出発点と見做される。

顧憲成は蘇州に近い常州無錫県の人であり、そこには宋代に楊時の建てた東林書院があったので、彼はその弟の允成、及び同志を集めて東林書院を復興し、その講学の処とした。併しそれは単なる経書の学問でなく、時政を諷議し、人物を裁量することが多かったので、天下これに附和する者が多く、書院は在野輿論の中心を成す観があった。故に純粋な東林党は、この書院に講学する顧氏兄弟、及び高攀龍、黄尊素等を指すに過ぎないが、広義に言う時は、凡そ東林の意見に同調し、特に宦官魏忠賢及びその党派に対抗した広汎な官僚士大夫群を凡てこの名の下に総称することがある。そして彼等の果敢な闘争にも拘わらず、熹宗の天啓六年（一六二六）に至って、一網打尽に逮捕処刑され、潰滅的な打撃を受けて終るのである。

中国史上における政争は、政策よりも、むしろ人事が中心となっているが、明代において特に然りとする。東林党もその例に洩れず、万暦二十一、二年の京察、廷推から始まり、中間万暦三十九年辛亥の歳の京察で、他の党派との間に大衝突を起し、天啓初年には大いに党勢を拡張するようになったが、此において反対党は宦官魏忠賢と結んで東林派に対し反撃を試みるに至った。この際に論争の主題となったのは、いわゆる三案であるが、今日から見れば、これは殆んど政策として取るに足らぬ瑣末事であり、実はここに東林派の政治家としての弱点が潜んでいたのであった。結局は実力と実力との対決となり、天子を挟んだ魏忠賢の権力に圧倒されて、東林党は潰滅するに至るのである。

中国古来の政治方針は、人を得るに労して人に任ずるに逸す、という主義で、人事の進退が政治の中心問題となる。これは古代の小規模な都市国家程度の集団においては適当な方法であったであろうが、大規模な天下国家となりきった歴代王朝の下では既に時代遅れの様式となった筈である。それにも拘わらず、宰相は人事に追われ、六部の中では特に吏部が別格とされて権勢を振うという伝統が固守された所に、中国政治が近代化されなかった原因が潜んでいたのであった。以上のことから、東林は政治上における派閥に外ならなかったと言える。

東林党において注意さるべき第二は、その成員が、歴としたエリート官僚であった点にある。宦官魏忠賢が権力を掌握した際、その反対者を悉く東林党人と称して名簿を造らせたが、ずっと以前に死んだ顧憲成の外は、李三才、王図、趙南星、孫丕揚、鄒元標など、何れも大臣級の人物であった。併し彼等は党人とは名付けられたが、実際には党らしい組織は何も持っていなかった。それは当時においては、官僚は飽迄も天子個人と直結すべきもので、横の連絡をとってはならぬものとし、党を組織することはもちろん、党派的行動に出ることすらも厳禁されていたからである。故に魏忠賢が彼等を党人と名付けることだけで、すでにそれが罪人であることを意味したのであった。従って東林党には中心となるべき人物が存在しない。これに反し敵方の首領魏忠賢は天子の信任を得てその名の下に百官を頤使し、秘密警察を握って、弾圧を加えてきたのであるから、これに対して東林党は抵抗すべき術がなかったのである。

後世から見れば東林党の政治活動は、これと言う政策も持たず、単なる情緒的な悲愴感で宦官の専横に立向ったのであるから、その勇気、その正義感には敬意を抱きつつも、その根底には言いようのない空虚感が漾《ただよ》うのを如何ともしがたい。事実、当時の冷静なる第三者からは、東林党にも多大の欠陥があったことが指摘され、魏忠賢方のいわゆる閹党《えんとう》と並べて東林党をも同罪とし、喧嘩両成敗を唱える意見も強かったのである。

崇禎帝は即位すると間もなく、魏忠賢、その党崔呈秀を誅したが、その後でも吏科都給事中の陳爾翼は上言して、東林の余孽《よげつ》がなお国都に徧布しているので、これを厳《げん》緝《しゅう》せんことを請うたとあり、また倪元璐《げいげんろ》の上言によれば、凡そ崔・魏を攻むる者は、併せて東林を呼んで邪党と為すのが常であったと言う。そしてまた事実、魏忠賢によって毀たれた講学の書院は、その復興を請う者があったが取上げられず、そのままに放置されていたのである。

この東林を嗣ぐ者が即ち張溥らの復社であり、世に小東林と称せられたとある。然らばその復社とはそもそも如何なるものであったであろうか。

三　張溥の登場

張溥、字は天如、蘇州府太倉州の人で、万暦三十年（一六〇二）に生れ、崇禎十四年（一六四二）に死んだ。父は翊之《よくし》と言い、太学生たるに止まった。溥は兄弟九人あったが、婢の出であったため、親族からも礼を以て遇せられなかったと言う。このような境遇から生じたコンプレックスが、彼の性格に決定的な影響を及ぼした。良い方では、これに発憤して、幼より刻苦、学に励み、書を読むに従って手抄し、右手の筆を握るに当る部分がタコを成したほどであったが、悪い方ではコンプレックスの裏返しとして、権力慾、名誉慾が熾烈であった点が見逃せない。

この頃、江南を中心として天下に文社なるものの結成が流行した。それが大いに流行するに至ったのは、書院に対する弾圧のあと、これに代る役目を果す為であったが、併し書院と文社との間には非常に大きな相違があることを知らねばならない。

そもそも書院は私立学校の如きものであるが、五代に始まり、宋代に流行し、明代では特に陽明学の影響を受けて盛大に行われるようになった。その主たる目的は儒教の宗旨を闡明し、相携えて道徳の実践に励む場を造るにあった。然るに文社はその名の示す如く、専ら文学を討論し、文章の才能を錬磨するための同志の集会であった。しかも当時のいわゆる文章は、特殊な用途をもち、科挙に通過するための制芸と称せられる一種格別な文章を言うのであった。当時名文家と称せられる者は、科挙に必要な模範答案を制作して、これを受験生の間に拡めるを業とし、その時流に投じた者は大芸術家として世上の尊敬を集めた。これは一見不思議な現象のようであるが、知識階級の最大関心事が科挙にある時、人生にとって最も必要な文章は、いわゆる制芸に外ならなかった。その他の文章はいわば装飾用の死文であったが、制芸こそは生命力をもって活きた文章であったのである。後世から考えると、制芸の中に真の文芸を認めるのは、そもそも無理な態度であり、事実清朝時代に入ると、科挙のための学問は言わば必要悪としてその存在を認め、青年時代には心ならずも科挙向きの受験勉強に勤めるが、及第後になって始めて真に価値ある学問に着手するようになる。併し明代には科挙に及第してしまえば其後には、清朝の考証学の如き、精魂を傾けるに足るような学問対象がなく、学問も作文もそのまま停滞してしまうことが多かった。文筆活動は科挙及第以前が花であったのである。

張溥の少年時代の勉強も、この種のものに外ならなかった。併し科挙のための文章と言っても、そこに新意を出そうとすれば、それなりの苦心が要る。学問は広いほどよく、経史子集に通ずるを要する。併しそれを文章に用いる段になると、選択が肝要だ。当時蘇州を中心とする学界においては、嘗て祝允明が唱えた古学復興が次第に強い流れとなって現われてきた。経学は古注疏、史学は通鑑綱目を去って十九史、已むを得なければ紀事本末、文体は唐宋を遡った漢魏六朝というのが、張溥の到達した結論であったらしい。そして彼を古文に導いたのは、鎮江の周介生（鐘）であったと言う。

当時制芸の大家として江西撫州出身の四人の名が天下に轟いていた。陳際泰（大士）、艾南英《かいなんえい》（千子）、章世純（大力）、羅万藻（文止）がこれで、併せて陳艾章羅と称せられた。ところでこのように文章を以て世上に名ある者が、そのまま実力を認められて華々しい科挙の成功者であったかと言えば、不思議にそうではない。四人のうち艾章羅の三人は漸くにして郷試に及第して挙人となったが、陳際泰はその郷試にもいつも失敗して長く生員の身分に止まっていた。科挙というものは真の学力や文才よりも、むしろ偶然の運に左右されることが多いのは古今を通じて変らぬ原則であった。陳際泰はその文章を学んで科挙に及第して高官になった人が幾十百人あったか知らぬ間に、本人は一向に芽がふかず、漸く崇禎七年甲戌の歳の会試に、考官文震孟の力によって及第し、引続き殿試を受けて進士になることができたが、齢い已に六十八歳であった。

張溥が兄事した周介生もまた同じ運命に弄ばれた。彼は非常に早熟な秀才で、角丱《かくかん》時五車万巻、幼童の時に既に五車に満つる万巻の書を読破したと称せられた。彼が新体の文章を唱え、応社を組織し、陳子龍、夏允彝《かいんい》、呉昌時、楊廷枢等をその傘下に収めると、天下が翕然《きゅうぜん》として靡《なび》き、これまで覇を称していた陳際泰への追随者が改めて応社に名を列ねるに至った。然るに介生本人は何時までもうだつが上らず、漸くのことで進士となったのは明滅亡の前年、崇禎十六年のことであった。

そういえば張溥の前半生もまた同じような運命を辿ったらしく思われる。彼は博学で通ぜざるなく、詩文に敏捷で、四方から注文を受けることが多かったが、嘗て下書きしたことなく、来客の目前で直ちに筆を下し、立刻に成就した。同郷で六歳年長の張采（受洗）と意気投合し、婁東の二張と称せられた。

張溥が何歳で童試に及第して生員となったか明らかでない。併し何回となく郷試に落第して志を得なかったことは事実である。そして崇禎元年、新天子即位の慶賀の意味を以て、天下の学校生員の中から恩貢生を国子監に入学させた時、二十七歳の張溥が、恐らく太倉州学から選ばれて北京に上ったが、これは少しく異様な感じを受ける。貢生なる者は多くは在学年数の長い、老生員を充てることが普通なのであって、二十七歳ではまだ少し早すぎるようである。そこで私は事によると張溥の年齢は十歳ぐらいの鯖をよんであったのではないかという気がする。こんな疑いを抱く理由は外にもあるので、前述の張采は彼よりも六歳も年長でありながら、溥の方では少しもこれに対して気兼ねする風が見えない。一方、呉偉業（梅村）は張溥の門人と称するが、年が七歳しか違っていない。どうも不釣合いである。また張溥の著書は数百巻、或いは三千余巻に達したというが、その大部分は編纂物であったとしても、数え年四十歳で亡くなったにしては、あまりにも多過ぎる感じ無しとしない(2)。

とまれ張溥は恩貢生として北京に出て太学生となり、試験を受けて高等に入り、諸貢士が争って交際を求めたばかりでなく、天下の名卿碩儒にして魏忠賢に追われ、崇禎新政によって北京に召喚された者も、争って節を折り交を訂し、招待やら宴会やらで、日もこれ足らなかった程で、その名が京師に満ちたという。これも事実が本当にそのようであれば、二十七歳、白面の書生にしては出来すぎた話のように思われる。

張溥が恩貢生として北京に上った際、主唱して文会を催し、成均大会と称せられる。これは恰も今日の句会のように、出席者が各自自作の文を持ちよって討論品隲し、後にその文を集め、文集として刊刻して世に拡めたのである。

翌崇禎二年、蘇州呉江県の知事、熊開元（魚山）は張溥を迎えて客とし、県の富豪の呉氏、沈氏がその子弟を入門させ、張溥を盟主として尹山大会なるものを開催させた。附近の名士が悉く集り、盛会であったので、彼の名声が益々高くなり、遠く湖北、安徽、河南、浙東から訪ねて来る者が相つぎ、陝西、山西、福建、広東など遠隔の地の人は、その文を郵送して教を請う者が多かった。

崇禎三年庚午の歳は三年に一度と定められた郷試の行われる年であり、南直隷の生員は殆んど凡てが南京に集って、貢院で競争激烈な試験を受けた。張溥はじめ応社の生員が多く優秀な成績で及第した。この機会に張溥が重ねて主催者となって金陵大会を開催した。

四　復社の活動とその基盤

崇禎四年辛未の歳は、会試、殿試の行われる年に当り、新挙人の張溥は北京に赴いてこの試験を受けて無事通過した。周介生らの応社などの文社の結成、及び張溥らの大会の開催は、単に文章を討論し、交際を定める為ばかりではなく、実はこのようにして当局者に対して示威を行い、威圧を加える目的を持っていた。そして民間にこのような組織が生じ、人物文章の月旦が行われて輿論がそれを認めるようになると、当路者もこれを無視することができなくなってきた。

当路者の中にはこのような動きを苦々しく思う者もある一方、この新興の勢力を利用しようと企てる者も出てくる。すなわち輿論が定めて学者文章家と折紙つけた名士を試験の際に通過せしめて、これを自己の門生とすれば、単に輿論の賞賛を博するばかりでなく、自己の政治上の立場を強化するに役立つからである。有能な若手政治家を敵とすると味方とするとでは、将来の政治活動の上に決定的な利害を齎すことになる。そこで朝廷の大臣が文社の輿論に迎合する風が強くなってきた。

当時の朝廷で首席の内閣大学士は周延儒であり、次席は温体仁であった。天子の膝元の北京で行われる会試には、事の重要性に鑑みて、大臣が主考官にならねばならないが、但し首席大臣は多忙なので、多く次席大臣を以て充てるのが通例となっていた。然るに周延儒はこの時、士子の人望を収めることの得策なるを思い、温体仁の意向を無視して、自ら総裁となって会試を主宰した。彼は配下の考官に命じて、特に意を用いて張溥らの知名の士を抜擢せしめたのである。もっとも答案はすべて糊名、謄録してあり、何人も答案の番号以外を知ることができず、しかも考官は答案の写しを手にするだけなので、筆跡による鑑別も不可能である。ただ一つの手掛りはその文章である。ところで張溥らの文章は甚だ広く行き渡っているので、考官等が少し注意深く読めば、たとい個人個人を適確に言いあてることは出来なくても、そのグループの主要部分を網で掬いあげることはできるのである。こうして此年の会試では、首席の会元に当ったのが呉偉業であり、張溥はその師でありながら、成績は反って下ったが、兎も角も及第することができた。この外の名士としては、夏曰瑚、管正業、周之夔《しゅうしき》などが及第しており、座主の周延儒は斯くして居ながらにして多数の新鋭をその門生に加えることができたのであった。

このような経過は、清代の科挙事情に比べると甚だ異様に感ぜられる。というのは、清代の試験官はもっと権威があり、受験生はひたすらその学風文体を研究し、それを真似て通過を計るのが普通であったからである。明末には逆に、試験官が答案を審査する際に、答案の文体によって作成者を推察し、名士を選抜して誇りとする風があった。この風は別に周延儒に始まったわけでなく、既に東林諸人の時から行われていた。例えば黄煜《こういく》の『碧血録』に収むるところ、魏大中「魏廓園先生自譜」の万暦三十一年、二十九歳の条に、

　時に競う者は日に名紳の門に奔走して自ら鬻《ひさ》ぎ、名紳も亦た復た文字を仮りて以て名生を収む。（我れ）心に之を醜とす。故に（中略）郷試に售《う》れず。

という状態であった。

会試に通過すれば、次の殿試には原則として落第者を出さぬので、及第して進士となるに大きな障害はない。ただその成績が問題であるが、此際にも呉偉業は成績抜群で第二人の榜眼に当り、張溥の方は単なる優秀で、翰林院に留めて庶吉士に任ぜられたに止まった。ところが張溥は庶吉士とはなったものの、此はもともと翰林官となるための見習生にすぎぬので、自信のありすぎる彼は上司先輩に対して恭順であることができない。殊に内閣大学士温体仁と衝突し、翌年親の喪のために休暇を請うて帰郷

したまま、再び帰任する意志なく、文字通り郷紳の生活を送ることとなった。
翌崇禎六年癸酉の春、張溥は四度目の文会を催して虎邱大会と称せられる。当時周介生を領袖とする応社のような結社が各地にあり、江北の匡社、松江の幾社、浙西の荘社などが最も有名であったが、彼は此等の諸社を糾合して統一的な文社運動を起そうとしたのである。期に先んじて伝単を四方に飛ばせると、山左、江右、晋、楚、閩、浙の各地から、舟車を以て至る者数千余人あり、会場にあてられた虎邱山上の雲巌寺の本堂、大雄宝殿には収容しきれず、生公台、千人石などの上にも人が鈴なりになるほどの盛況であった。

この集会において、総合結社の名を復社と定めたが、これは興復古学の意味である。また社規を設けて違背せざることを盟い、その中に、

巧言もて政を乱す毋れ。干進して身を辱むる毋れ。

の語がある。文字通りに解すれば、政治に容喙したり、猟官運動してはならぬ、ということになる。本来、復社の目的は単に相共に文学の道を研鑽するにあったのである。但し社是として古学の復興を唱えている以上、文学の研究と言っても漫然として無制限なのではなく、一定の規準と範囲とが設けられ、そこから逸脱することが禁ぜられ

る。そして更にこの古学を推進するのが目的となった以上、この方針に反する対立者を排除して行かざるを得ない。とすれば復社運動は勢いとして、政治運動に走らざるを得ないのは当初から十分予見されていたのではなかったか。

復社が東林と異るのは、その成員が多く下級の郷紳か、又はまだ科挙に及第しない生員層であったことである。東林が大臣級をも含む中堅官僚層を抱えていたのに比べると、この点では大いに見劣りがするように思えるが、実は決してそうではなかった。それは東林は名ある官僚であったが為に、法規によって党を造り、又は党に類似する行為に出ることを厳禁されたのに対し、復社は文章研究の名の下に公然と社を結び、統一ある行動をとることが出来たからである。復社は張溥を盟主として、従って太倉州が本部であり、社長四人あって彼を輔け、各地の府県には一名ずつ社長があって、糾弾、要約、往来、伝置を司ったとあるから、規約違反者の処罰、命令の伝達実施、人物の往来、文書の配達などの職務を行い、恰も一個の有機体としての活動を展開することができるような組織を具えていたのであった。

虎邱大会の後、張溥は社中から募った文章を集め、『国表集』なる文集を編したが、作者は七百余人、文章は二千五百余首に上り、国初以来始めて見る盛事と称せられた。

復社が文章を以て目的とする以上、先ず実行せねばならぬのは、社中の名家でまだ科挙に及第せぬ者の救済である。実はこれまでも何回か企てた大会は、やはり同志の受験に対する応援、試験官に対する無言の威圧であったわけであるが、復社結成後はその勢力を背景として一層露骨な干渉を試みるようになった。眉史氏（陸世儀）の『復社紀略』巻二に載せる次の佚事は、この間の事情を最も活き活きと描写する。

文湛持《ぶんたんじ》（震孟）が将に赴職せんとするの時、群紳は徐九一（汧）の止水（亭？）に飲餞す。天如（張溥）、湛持に謂いて曰く、「明年（崇禎七年）の会試の考官には、公必ず圧簾（正考官）とならん。今海内の挙子、会元となるに愧《は》じざる者は、惟だ陳大士（際泰）、曁《およ》び楊維斗（廷枢）の二人のみ。幸いに意を留めよ。」湛持曰く、「天下の人、大士の文を読みて巍科を取る者、凡そ幾くなるを知らず。而して大士久しく困《くる》しむ。吾れ此の番、当に之を夾袋中に収めん」と。天如、転じて項水心（煜）に語りて曰く、「然らば則ち維斗は乃ち公の責なり」と。水心も亦た首肯す。天如又た言う、「呉巒雉《ごらんち》（鍾巒）は久しく海内の師範たり。此の番、之をして釈褐せしめざるべからず」と。両人唯々たり。闈《い》に入る比《ころ》おい、湛持圧簾たり。覓《もと》めて大士の巻を得、袖にして水心に示して曰く、「昔は老社長（大先輩）たり、今は（我が）老門生と作る」と。水心は狡なり。会元が己の房（受持ち）より出んことを欲す。乃ち一巻を持し湛持に示して曰く、「已に維斗の巻を得たり。大士と維斗と、吾が党との交情に少しも軒輊《けんち》するなし。但だ天下に冠冕《かんべん》たらしむるに、其の隣省（江西）たらんよりは、寧ろ吾が郷（蘇州）たるなからんや」と。湛持乃ち巻を持し細閲して曰く、「誠に維斗たらば、何ぞ譲らざるを得ん。脱《も》し維斗に非ざりせば奈何《いかん》せん。」水心曰く、「今場屋中、誰か能く此等の文を作る者ぞ。若し維斗に非ざりせば、当に吾が眼を抉《えぐ》りて之を国門に懸けん。」湛持その真懇なるを見て、遂に之を許す。旧例として会元は必ず圧巻（名文章）に譲る。塡巻（成績記入）すること末後にあり。時に主司、項の巻を注視するに、湛持は反って遜謝をなし、己の巻（大士の答案）を出して先ず塡し、項の巻（維斗らしき答案）に冠軍（首席）を譲る。拆巻（姓名の封を破る）に及べば、乃ち李青なるものなり。湛持恚《いか》ること甚し。然れども已に之を如何ともするなし。煜（水心）繆《いつわ》りて罪を負う。湛持色を正しくして曰く、「此の挙は大士に負《そむ》くのみならず、併せて張天如に負けり」と。榜発す。鍾巒も亦た中式せり。同簾（同考官）の薛国観《せっこくかん》、出て（温）体仁に告ぐならく、「其の国表（集）の姓氏を以て査対するに、中式の者は多く復社より出づるを見たり」と。

以上は僅にその一端を示すに止まる。復社はあらゆる機会に、その社中の試験及第の便を計って運動を試みた。そしてそれが極めて有効であることが知られると、天下の士子は争って入社を願い、財ある者は惜しまずに財を提供したので、復社の勢力はいよいよ伸張してその運動を有効ならしめるという循環作用が始まったのである。このことを『復社紀略』に記して、

遠近謂《おも》えらく、士子は天如の門に出づる者は必ず速く售る、と。大江南北、争って以て然りと為す。（中略）復社の声気、天下に徧ねく、倶に両張（溥・采）を以て宗と為す。四方の称謂、敢て以て字せず。天如を西張と曰う。居るところ西に近ければなり。受先（采）においては南張と曰う。居るところ南に近ければなり。（中略）而して溥の門弟子を奨進するに、亦た余力を遺さず。歳科両試ある毎に、公薦あり、転荐《てんせん》あり、独薦あり。（中略）所以に弟子たる者、争って社に入らんと欲すれば、父兄たる者も亦た之が子弟の入社を楽しまざるなし。（中略）両粤の貴族の子弟と素封家の児も、（孫）淳によりて、拝して周（鐘）張の門下に居る者無数なり。諸人一たび贄《し》を執るの後は、名流もて自ら負い、趾《し》高く気揚る。

と言っている。注意すべきことは、張溥自身も名士を以て高く持したことであり、時には孔子を以て自ら擬し、四配十哲を従えていると批難を蒙った程であった（『復社紀略』巻四、徐懐丹檄）。併し以上のことは、強いて言えば、復社の目的とする文筆活動の中に含まれていると言って言えぬことはない。

併しこれだけ名声が高まってくると、その活動は試験の範囲に止まっていることがむつかしくなる。これには張溥はじめ、復社の指導者らの性格も関係してくるが、彼等自身がそもそも書斎に閉じこもる学者肌でなく、俗臭の濃い権力渇望者といったタイプの人達であったのである。そこで彼等の政治的活動が始まるのだが、私は彼等が何をやったかと数えたてることをやめて、何が彼等の活動を可能ならしめたかという見地に立って考察を進めてみようと思う。現に彼等が実際にやったことはと言えば、大きな歴史の流れの上から見れば殆んど取るに足らない些事である。ただ郷紳の身分で政治を動かしえた原因こそ、何よりもよく明末の世相を知るためのよすがになると考えられるからである。

その第一は大衆動員力である。ここに言う大衆とは必ずしもプロレタリアトの意味ではない。復社は一種の文化運動であり、都市を基盤とする。都市の構成は極めて複雑であって、截然と治者、被治者に区分すべからざる者がある。また貧困階層は必ずしも階級的自覚を有していなかったから、その動きが今日から見て甚だ不可解な場合もある。眉史氏陸世儀の『復社紀略』巻四に、徐懐丹なる者が復社の十大罪を数えた檄文を作ったとあるが、その中の二条に、

僧道優倡も倶に社中に入り、医卜星相も友人に非ざるはなし。

拳勇之徒、呼ばずして集まり、大には則ち其の憤毒を肆《ほしいまま》にし、小には則ち其の釁端《きんたん》を開く。

とあって、種々雑多の人種を手なつけ、有事の際に利用することができた。

同書に記す実例の一、二を拾うと、次のような場合があった。太倉州知事の劉士斗は着任後、常に両張と政治を相談して行ったが、署蘇州府事の周之夔《しゅうしき》から弾劾を受けて、罷免せられた。この人は清廉にして恵政があったので、士民は其の去るを惜しみ、石を負い、国門に塁を畳《かさ》ねて以て之を留め、国を傾けて数十万人あり、之が為に市を罷《や》む云云。

この周之夔は福建出身で、もと復社の同人であったが、進士及第後、蘇州府推官に任ぜられ、郷試同考官を命ぜられる筈であったのを、両張が運動して、知太倉州の劉

士斗に変更させた。そこで周は大いに両張、並に劉を恨み、臨時に知府代理となった機会に、劉を弾劾したというわけ。

両張は大いに憤激して、周を追い出しにかかる。周の方では先輩、文震孟などの取りなしによって、過失を悔いて、弾劾の不当であった反省状を上司に提出したりしたが、両張の実力行使は既に始まっていて間にあわなかった。知府代理の周之夔が崇禎七年の科試において不公平があったと言って各学の生員たちが騒ぎ出し、城隍神像を持ち出し、府署に坐せしめて之を詛《のろ》うに至った。この場合は復社中の人でない者まで多く之に加わった。周が府学に出向すると諸生は噪《さわ》いでこれを追いかえした。諸生には権要の子弟が多かった為、周は正直に彼等を告発することが出来ず、心中は慚忿しながら、ひたすら自ら咎を引き、門を閉じて辞職願いを上司に提出した。上司は取り敢えず、周を移して呉江県の署知事たらしめ、復社との間の和解工作を試みたが、周が呉江に赴くと、生員等は復た集って周を追い払ってしまった。

周之夔は辞任の代りに給暇を請うたが許されず、蘇州府推官の任に返ったが、二月経っても府下の紳士にして一人も刺を投じて面会に来る者がなかった。これでは任についても居たたまれないので強いて辞任を請うて休職したが、復社を恨むこと甚しく、

「復社或問」の一編を草して、その専横を世に訴えた。その中の一節に、

下は娼優隷卒、無頼雑流に至るまで、尽く収めて羽翼と為す。士子をして社に入らざるものは、必ず進身を得ざらしめ、有司をして社に入らざるものは、必ず位に安んずるを得ざらしむ。

と言っている。

復社が最後の手段として大衆を動員し、実力行使に訴えた余風は、張溥の死後、北京朝廷滅亡の際にも、阮大鋮《げんたいせい》に対する反抗運動として現われている。杜登春の『社事始末』に、

甲申（崇禎十七年）二月、（北京陥落の）変を聞いて哭臨するに、孽《げつ》（阮大鋮）も班に随って礼を行わんと欲す。同社、檄を草して之を攻む。孽、憤り、青年数十を募りて自ら衛る。諸生を侮辱するの意あるに似たり。徐武静と張退谷と、各々東陽、義烏の力士を率い、戴宿高等も亦た白棒を執りて昼日中を行き、青年を見れば即ちに撃逐す。孽、是を以て敢て臨まず。士気稍々震う。

とあり、このような大衆動員力が復社運動の武器となっていたのである。

第二に注意さるべきは、復社の情報伝達力である。この中には蒐集力をも含むこと

勿論である。最初に復社が結成された時、各県に一人の社長を置いたが、その任務は、往来伝置を司る、とあるのが、この伝達を意味するものに外ならない。

『復社紀略』巻二に、張溥が復社を結び、『国表集』を選したときのことを記し、

湖州の孫孟樸淳、実に郵置を司る。往来伝送に、寒暑も間無し。凡そ天如、介生の游蹤の及ぶ所、毎《つね》に前導を為し、一時、孫鋪司の目ありたり。

とあり、いわゆる鋪司は官設の急逓鋪の長であって、官文書の伝達を掌るものであった。孫淳は復社結成当初の名簿には名が見えないが、直後に加入して奉仕にこれ努めたのであろう。そしてその仕事が政府の駅逓そのままであった為に、孫鋪司、郵便局長と称せられたわけである。

当時民間に報房なるものがあって、文書伝達を行うこと、今日の郵便の如くであった。これは東林の名士楊璉が逮捕されて北京へ護送され訊問を受けた時、進んでその救援の役を引受けた義人、朱祖文が自ら記した『北行日譜』の中にも見え、北京で手紙を報房に託して蘇州へ送ったとある。このように郵便的な事業が民間においても発達し、報房は恐らく公開された営利事業と思われるが、復社の伝置、或いは郵置とは社長による社中専用の宿駅で文書の伝達をも行ったものであろう。『崇禎実録』巻一、

崇禎元年七月乙亥の条に、

私駅を厳禁す。

という記載が見え、前後に照応記事がないので確かなことは言えないが、恐らく駅は逓の同義語で、前述の報房、文社の伝置、郵置の如きものを禁止したという意味であろう。もちろん社会的必要に応じて発生した民間の機関が、このような一片の命令で姿を消してしまうことは考えられない。それよりも何故にこんな命令がこのような時に出されたかを考えてみよう。

中国では唐宋以来、水路網の拡張によって、全国的に商品が流通し、貨幣経済が盛になってきたが、こうなってくると商業の運営に当って、何よりも欠かせないのは情報の入手である。何となれば凡ての生産品が商品化した以上、売るにも買うにも、全国的な需給関係の総計が、最後的な価格決定の基礎になるからである。この点で私の考えは、中国社会の後進性を強調し、宋元明各時代をおしなべて封建社会と規定し、更に地域的自給自足経済と見ようとする意見と大きく対立する。そこで若し私の考えに従うならば、当代の商業資本家らは、営業に不可欠の条件として、情報の蒐集に心がけ、それが民間情報機関としての報房、郵置、政府側から見た場合は私駅と見做さるる通信網を発達させたのである。そしてこれがやがて政府の利害と相容れないようになるのは自然の勢と言わなければならない。

明朝政府の初期においては、政府が必要とする物資の調達には、できる限り自然経済的な、現物収入を主義とした。農民からは田賦として米穀を納めさせ、沿辺の軍糧は特にこれを塩法と結合し、特許塩商人をして穀物を特許料の代りに納入させ、馬匹は民間に委託して養育せしめた。然るに政府の方針は次第に改まって、凡てを一度貨幣化し、現銀を納めさせ、この現銀を以て物資を購入するという、甚だ近代的な市場制度に変って行った。田賦は金花銀となり、塩法の開中法は罷められ、民間牧馬は太僕寺銀となった。此等の変遷については近頃、すぐれた研究が相ついで発表されたことは周知の通りである。

ところで政府の経済が現銀化したということは、政府が否応なく商業行為を開始せざるを得なくなったことを意味する。政府と商人との交渉において、もし権力は政府側にあったとしても、この場合はあまり役に立たない。官僚にとっては、命ぜられた物資調達が至上の任務であって、もし価格が法外に高くても、別に官僚自身の腹の痛むことではない。そしてもし商人側が政府以上に、商品についての情報を握って居れば、それが何よりの強みになる。もちろん政府には政府として官設の情報機関があって利用可能な筈であるが、無能な官僚と怠惰な胥吏との合作では、狡獪な商人を向うにまわして戦える筈がない。

問題はこの政府御用達の商人であるが、意外にもその正体は、いわゆる郷紳ではないかと思われるのである。もちろんそれが本名を現わすことはない。併し政府機関との交渉においては全然身分的裏付けのない商人では、十分に自己の利益を主張することはできない。そこで郷紳が代理、執事等の名を使って対政府取引きを行うようになることは、別に不思議ではない。

極端な財政逼迫の下にあって、政府は国防や水利に血の出るような巨額の資金を投ずるが、その利益は恐らく殆んど商人に吸収され、最後的には郷紳を肥らす結果となったことであろう。漸くにして気付き始めた朝廷が、商人の情報蒐集活動を抑えようとして発した命令が、この厳禁私駅の記事ではなかったか。

国家の衰頽を余所にして、郷紳階級がひとり我世を謳歌したのが明末の世相であると思われる。そして張溥のような有為の人材が、強いて官界に遊泳し出すことを心掛けず、郷紳の地位に甘んじたのは、別にその必要を感じなかったからである。富も権勢も名声も、郷紳のままでいくらも入手できるのだ。何を好んで伏魔殿のような北京朝廷へ乗り出して廟堂に立つ必要があろうか。

明朝がいよいよ末路に近づいた崇禎九年四月、武生李璡《りしん》なる者が上奏し、巨室を捜括して餉《しょう》を助けしめんと請うた。言う心は財産家の資産目録を作成し、その幾分を強制的に借り上げて軍費の足しにしたいというにある。谷応泰の『明史紀事本末』巻七十二、崇禎治乱の条に、右の献議を退けた大学士、銭士升の言葉を載せ、

李璡なる者、乃《さき》ごろ倡えて縉紳豪右に名を報じて官に輸せしめ、手実籍没の法を行わんと欲するを為す。此れ皆な衰世の乱政にして載せて史冊にあり。而して敢て聖人の前に陳ず。小人の忌憚なきや、一に此に至るか。其れ曰く、縉紳豪右の家、大なる者は千百万、中なる者は百十万、其の万計なる者は枚挙するに勝《た》えず、と。臣は江南の人なり。江南を以て論ずれば、畝を数えて以て対《こた》えんに、大数の百を以て計る者は十の六七、千を以て計る者は十の三四、万を以て計る者は千百中に一二なり。江南は此の如し、他郡も知るべし。且つ富に悪《にく》む所の者は、小民を兼併するのみ。郡邑の富家あるは、亦た貧民衣食の源なり。兵荒の故に罪を富家に帰して之を籍没するは、此れ秦の始皇の（寡婦）巴清に行わざりし所、漢の

武帝の卜式に行わざりし所なり。此の議一たび唱えられなば、亡命無頼の徒、相率いて富家と難を為し、大乱これより始まらん。

とあって、これは堂々たる資本家弁護の論である。首席大学士の温体仁はこれを以て、沽名の挙であるとして、銭士升を位から退けた。政府の財政は実はどうにもならぬ窮地に追いこまれていたからである。そこで温体仁に代って大学士となった同党派の薛国観が、再び富豪献金の説を唱えて実施しかけたが、これが祟って、死を賜わるという悲運に陥った。

『明史紀事本末』の前引の条の下文、崇禎十四年四月の条に、

上常に用の匱《とぼ》しきを憂う。国観対《こた》えて以《おも》えらく、外は則ち郷紳、臣等之に任ぜん。内は則ち戚畹《せきえん》、（天子の）独断より出づるに非ずんば不可なり、と。因って李武清を以て言を為す。遂に密旨もて四十万金を借る。李氏尽く其の有る所を鬻《ひさ》ぎしも、追比未だ已まず。戚畹人々自ら危ぶむ。皇子の病むに因りて、倡えて九蓮菩薩の言と為して云うならく、上薄く外戚を待つ、行くゆく夭折して且に尽きんとす、と。上大いに懼る。国観又た太監、王化民に忤《さから》う。遂に敗る。

とあり、国観は先の李璡の献言を再びむしかえして、民間の富豪たる郷紳、及び外戚

から合力を得て一時の急を凌ごうとした。但しそれは献金せしめるのでなく、あとで返済する借金としてである。恐らくその腹づもりは、不当利得を得てきた郷紳、及び賄賂で産を成したに違いない外戚から、儲けを吐き出させようというにあったであろう。そして郷紳から借りる分は、国観ら政府の大臣がその衝に当るが、外戚に対しては天子が自ら責任を持ってほしいと願った。しかも郷紳の方は後廻しにして、天子が率先して外戚から借金することを勧めたものである。これが外戚の恨みを買い、外戚が宦官を動かして国観の地位を揺がせ、郷紳に手を伸ばす暇もなく、彼は失脚し、更に死を賜わるに至ったのである。形勢が既に斯の如くであったから、若し強いて郷紳から借金を集めようとしても、恐らくそれは実現不可能であったと思われる。そして以上の事実は、当時の朝廷の財政が如何に窮迫していたかを物語るものである。

情報の蒐集伝達は経済活動と同じように文化、政治活動においても必要不可欠であった。復社のような文社の場合、絶えず連絡をとり、情報を交換していなければ、その団結を維持し、事あれば直ちに行動に移ることは望まれない。そこで各県の社長が責任者となって、常に情報の伝達に当っていたのである。この際、文書は一県の社長から隣県の社長へリレーされる場合もあったであろうし、もしそれが不便な際には私駅と称せられる民間の報房の如きものが利用されることもあったであろう。
文社の情報網はそのまま直ちに政治活動に転用することができる。まだ周介生の応社の時代であるが、撫州の艾千子が介生や張溥の文章を批難し、代って応答した張采と論戦をかわした。遂に両者の間が決裂し、

是において三呉の社長は単を各邑に伝えて、共に之と絶たしむ。

ということが、『復社紀略』巻一に見えている。相手を村八分にして、蘇州近傍へは寄せつけぬことにしたのである。これはもう文章活動の範囲からはみ出した行為になる。

当時の官界においては、党派は互いに対立する敵党の弱点を発いて失脚させる手段が一般的に行われた。『復社紀略』巻三に、

冏卿《けいけい》（太僕卿）史堃、前に御史に任ぜし時、己に異るものを参劾し、恣意に門戸を傾排し、之に処らんと欲す。堃は先に淮揚に巡按たりしとき、婪賄《らんわい》甚だ多し。天如（張溥）、揚郡の春元（詹事？）鄭元勲に嘱して之を廉《れん》し、備《つぶ》さに其の贓跡《ぞうせき》を得たり。乃ち款単を以て之を台省に達す。（中略）堃は此により察を被り、獄に下して贓を追せらる。

とあり、当時の官僚は中央で勢力を振っても、嘗て地方官であった時には、大なり小なり脛に傷をもっていたので、それを洗いたてられると、忽ちその地位を失わねばならなかった。そこで復社のような広汎に強力な情報網を掌握すれば、自然に中央の人事に干渉できるようになる。(3)前引の条の下文に、

乙亥（崇禎八年）の京察に、張溥は庶常なりと雖も、察事に与かり聞くを得たり。

とある。そこでこのような強力な情報機関の復社を味方につけるか、敵にまわすかで、小官僚は勿論、中央の大臣の身上にも重大な影響が及んでくる。且て張采の同郷の監生、陸文声なる者が、張采を恨むによって、復社を弾劾する疏を上り、政府が実情調査に乗り出した。そこで張溥は陸文声の子陸茂貞に人を介して調停を依頼させた。『復社紀略』巻四に、

茂貞因りて京に疾赴し、文声の為に天如（張溥）の語を述ぶ。文声、黙然として答えず。茂貞曰く、復社の党羽、天下に半ばす。独り子孫の計を為さざる乎、と。

文声乃ち之を許す。

とあり、陸茂貞の言によれば、復社に敵対すれば、子孫が世に出られなくなる、と言うのであった。

そこで朝廷の大臣も、陰に陽に復社の後援を頼りとする者が多くなってきた。これを復社の側から見れば、同志の先達と言うことができる。『復社紀略』巻二に、

其の先達において崇んで宗主と為す所の者は、皆な宇内の名宿なり。南直には則ち文震孟、姚希孟《ようきもう》、顧錫疇《こしゃくちゅう》、銭謙益、鄭三俊、瞿式耜《くしきし》、侯峒曾《こうとうそう》、金声、陳仁錫、呉牲等。両浙には則ち劉宗周、銭士升、徐石麟、倪元璐《げいげんろ》、祁彪佳《きひゅうか》等。（河南、江西、湖広、山東、陝西、福建、広東を略す。）諸公の職任外にあるときは、則ち之に代りて方面を謀り、内に在りては則ち之が為に爰立《えんりつ》を謀る。皆な陰に之が地を為して之をして知らしめず。事後に彼の人自ら悟り、乃ち心に之を感ず。結納を仮らずして、而も四海心に盟う。門牆の日に広き所以、呼応の日に霊なる所以は、皆な此に由る。（中略）又た復た後進を引掖し、内にしては中（書）行（人）評（事）博（士）、外にしては名望あり、考選に応ずる者を推知して、倶に薦抜を力行す。其の六部の遷転、及び台省の挙劾、皆な与かり聞くを得たり。天如（張溥）は庶常を以て在籍すと雖も、駿々として公輔の望を負うと云う。

とあって、張溥を無位の宰相であるかのように見立てている。このようにして順序を立てて考察してくると、もし張溥が朝廷大臣の任命に容喙したとしても、左程不自然

な感じがしなくなるのである。

五　絶望の時代

復社などの文社の活動だけを見ていると、この時代は何という平穏な時代であったろうか、というような印象を受けがちである。併しそれは復社の中心であった江南地方がまだ平穏であっただけであって、一たび目を転じて、北方の首都北京、及びその附近一帯の形勢を観察すれば、既に戦火は各省に蔓延し、実に容易ならざる重大な危機に陥っていたのである。平和どころではなく、それこそは絶望の時代に突入しつつあったのだ。

崇禎の前、天啓年代は暗愚な天子熹宗の下に宦官、魏忠賢が権勢を振い、東林党の名士らに苛酷な弾圧を加えた陰惨な時代であったが、不思議にも当時の人たちは、それが直ちに絶望の時代だとは見ていない。反って名君の素質ある崇禎帝が即位し、魏忠賢一党を翦除《せんじょ》追放して明るい前途が約束されたように感じた、その後から始まったと、異口同音に言っているのである。更にはっきり言えば崇禎二年己巳の歳から後、救うべからざる絶望の時代が訪れたと言うのである。

この歳は、清の太宗が万里の長城を越えて内地に入り、始めて北京を攻撃したが、志を得ずして引き上げた年である。それならば何がこの事件をして絶望の端緒たらしめたのであろうか。これを説明するには、前線の督師、袁崇煥と崇禎帝の関係から説き起さなければならない。

袁崇煥（?―一六三〇）は、原来武将ではなくて文人である。万暦四十七年に進士に及第し、天啓の末期、山海関の前進基地である寧遠城を守り、清兵の侵入を撃退して功を立てた。然るに崇禎帝即位後、袁崇煥の挙動が屢々宜しきを失し、それが延いて明王朝の命脈にも関わるほどの結果を惹起することになった。彼の第一の失敗と見られるのは、崇禎二年、渤海湾口に位する皮島に拠った毛文龍を擅殺《せんさつ》したことである。もちろん毛文龍の勢力が益々伸張して行けば将来どうなったかは、何人も自信を以て断言することはできない。併し袁が毛文龍を殺したために、その結果として、山東半島に移った旧部下の孔有徳らが数年後、叛乱を起し、登州一帯を荒した後、逃れて清朝に降伏し、これによって無数の大砲と火薬が清朝の手に渡ったのである。

毛文龍が殺された直後、清の太宗は明の前線に総攻撃をかけると共に、自ら一軍を率い長駆して北京に迫った。崇禎帝は大いに驚いて天下に詔して勤王の兵を召したので、袁も直ちに北京へ馳せ参じ、崇禎帝から嘉賞せられた。そこまではよかったが、袁が立去った後、前線の防衛が崩壊し、殊に遵化、三屯営の要衝が陥落し、将領の戦死する者が多かった。袁は一方から見れば入援の功はあったが、前線防衛の最大の任務を放棄したとも見られるのである。そこで北京における袁の評判は、急転して下落した。都人は清兵をしてむざむざ国都の下まで侵入させたのは、袁崇煥の手抜かりではないか、と非難の声をあげた。

袁崇煥が天子の密旨を受けて、清朝と講和の瀬踏みを始めていたのは事実である。そこで朝士の中には、袁はわざと清兵を都近くまで引きよせ、これによって朝廷を脅し、無理に和平を仕上げようとの魂胆ではないか、と鑿った風評を立てる者もあった。そんな疑惑を一層深める事件が起ったのは、入援の将、満桂が城外で清兵と奮戦しているとき、城上から大砲を打って満桂の兵をおおかた薙ぎ倒し、満桂も全身に矢傷を負うたが、その矢を験べると、みな袁軍の矢であったという。崇禎帝はいよいよ袁の本心を疑い、職を免じて獄に下したのであった。或いはこの上に更に清の太宗が反間の計を行い、明の宦官の使者を誑《あざむ》いて、袁が内応の謀あるように見せかけ、崇禎帝はまんまとそれに乗せられたとも言う。清兵は北京を脅し、人心を恐慌に陥れただけで引上げたが、翌三年、袁崇煥は謀叛の罪を問われ、市において磔刑に処せられた。妻子は連坐して三千里に流せとのことであったが、実際は子供がなかった。財産を籍没せよとの命令であったが、家には一石の儲えもなかった。天下これを冤《えん》とす、と『明史』に見えている。

これに衝撃を受けた配下の武将、祖大寿らは、兵を引きつれて錦州に逃げ帰り、やがて清朝に投降した。この時、城内の大小の砲三千五百台が清朝の有に帰した。

いわゆる崇禎二年己巳の変は、単に清の太宗の為に北京を攻撃されたという恐慌だけに止まらず、これに附随して起った明朝の内部的分裂の方がむしろ大きな痛手であった。そして若しその責任を問うならば、袁崇煥と崇禎帝とがその半々を負うべきであったであろう。

『崇禎実録』巻四、崇禎四年五月癸未の条に、呉執御なる者の上言を載せ、

前年、遵（化）永（州）の変に、袁崇煥、王元雅等、皆な数百万の金銭を以て、狼狽して守を失えり。

とあり、莫大な軍需の損害を袁の責任として追及している。更に毛文龍を殺した結果が如何に重大な損失を招いたかは前述の通りであり、彼に対する評判は、朝士の間で

も、都民の間でも決して芳しいものではなかった。ただ彼が悲劇的な最期を遂げ、且つ清廉であった点で後世の同情を集めたが、併し清官は必ずしもただそれだけで名臣とは言えない。清官の害は濁官よりも甚しいという皮肉な諺さえ一方にはある。

さりながら崇禎帝の袁に対する処置も甚しく当を失したものであった。袁に対する極刑のために清朝に走らす結果となった武将、祖大寿は嘗て寧遠の城によって、清の太祖と戦って大いにこれを破り、太祖の急死もこの時の砲傷が原因であると言われた。もちろんこの時の戦勝は西洋砲の威力の賜であったが、今やその大砲は祖大寿らの帰降によって、そっくり清軍に引継がれることになったのである。

袁崇煥のためにその親分、毛文龍を殺された皮島の将領、孔有徳らがやがて叛乱を起し、清朝に帰降したのも、当然の径路を辿ったものと言えそうである。毛文龍の死後、孔有徳等は山東の登州に収容され、官軍に編入されていたのであるが、祖大寿らが清に降った直後、暴動を起して登州に拠って謀叛した。彼等は莱州を攻めて勝たず、数百隻の船に登州で得た大砲や掠奪物を載せ、旅順口附近から清軍の出迎えを受けて投降したのであった。だから若し袁崇煥の刑死、祖大寿の離叛がなければ、孔有徳らもそのまま明の軍中に留まっていることもあり得たと思われる。

十九歳で即位した崇禎帝が、直ちに宦官、魏忠賢を退け、その一党を誅戮した決断力は賞賛に価するが、同じやり方を袁崇煥に適用したのは単に若気の過ちではなく、この天子のヒステリックな性質を暴露したものであった。『崇禎実録』巻十五、崇禎十五年四月戊子の条、給事中倪仁禎《げいじんてい》の奏上の中に、大臣謝《しゃ》陞《しょう》が言った言葉を述べ、

謝陞、忽ち曰く、皇上惟だ自ら聡明を用い、察々を務となし、天下倶に壊る。

とあるのは、反って肯綮に当っている。そして天子の失敗はこれを輔ける大臣、温体仁の失敗である。同書の下文、六月戊辰の条に、御史、呉履中が奏言して、

臨御の初め、天下猶お未だ大いに壊れざりしなり。特に温体仁を用い、厳正の義に托して、娼嫉《ぼうしつ》の私を行い、朝廷をして人に任じて以て事を治むるを得ざらしめて、禍源を醸成せるなり。

と言ったとあり、同じことを劉宗周が更に詳しく地方から天子に上言していて、同書巻九、崇禎九年十月壬申の条に載せられている。

己巳より以来、日として未だ雨せざるに綢繆《ちゅうびゅう》せざるはなし。而して天下禍乱、一に此に至る。往には袁崇煥、国を誤る。其他は法の為に過を受けしに過ぎざる

のみ。小人競い起りて門戸の怨みを修め、朝士の己に異る者を挙げて、概ね煥の党に坐せしめ、次第に之を重典に置き、或いは籍を削りて去らしむ。此より小人進みて君子退き、中官事を用いて外廷浸やく疎なり。朝政日に隳《お》ち、辺政日に壊る。今日の禍、寔《まこと》に己巳に之を醸成せるなり。

この劉宗周は崇禎十五年に吏部左侍郎として朝廷に召されているが、『明儒学案』巻六十二、彼の略伝によると、今度は天子の方から、

国家敗壊、已に極まる。如何してか整頓せん。

と尋ねられた、とある。以上によっても、己巳の歳以来、救いようのない絶望感が朝廷の上下にただよっていたことが察せられるのである。

この絶望感の背景をなす政治、社会の実状は抑も如何なるものであったであろうか。その指標となるのは矢張り財政の困難であろう。そしてこれは崇禎帝の初めから、既に歳出入が破産状態に陥っていたことが、『崇禎実録』巻一、崇禎元年六月丁未の条、戸科右給事中、黄承昊《こうしょうこう》の言によって知られる。曰く、

祖宗の朝は辺餉止《た》だ四十九万（両）。神祖の時、二百八十五万に至り、先帝（天啓）の時、三百五十三万に至る。其他京支雑項は、万暦間歳放三十四万に過ぎず。

邇来《じらい》又た六十八万に至る。今出数は共に五百余万、歳入は三百万に過ぎず。即し其の数に登るも、已に不足と為す。況んや外に節（積？）欠ありて、実計は歳入僅に二百万のみ。(4)

これは実に驚くべき数字と言わねばならない。こんな状態では、むしろこれから先、十数年を持ちこたえた方が不思議に思われるくらいである。

ここで考えなければならぬのは、このように膨脹した財政支出の金銭が、いったい最後に何処へ納まったか、ということである。歳出の大宗である軍事費の一部分は軍人に支払われたことは勿論であるが、軍人はいつも貧乏である上に、給料の遅配や人員整理におびえていた。すると軍需品の購入に費された部分が多かった筈であるが、果して物資納入は公正に行われていたであろうか。案外一方には軍需景気に煽られて我世の春を謳歌した者が多かったのではあるまいか。そして最大の儲け頭は生産手段の所有者である大地主、大商工業者であり、ずばりと言えばこれは郷紳層に外ならなかったのである。この郷紳間に溢れた現銀が、彼等に自信を持たせ、彼等を傲慢ならしめたという図式を描くことが可能であり、その一人の代表者が実に外ならぬ張溥であったのだ。

これに反し純粋の官僚生活者は、必ずしも全部が金運に恵まれず、反って名誉職であることに魅力を感ずる人たちもあった。もちろんそこには権力があり、権力は直ちに換金できる。官僚の正規の俸給が低額であることが、彼等の気風を堕落させる原因となった。崇禎帝も即位の初めには、頽廃した官僚の紀綱を引きしめようと努力し、官僚の中にもこれに一縷の望みを托して献策する者があった。『明史紀事本末』巻七十二、崇禎治乱の章、崇禎元年の条に、戸科給事中、韓一良の上言を載せる。曰く、

> 皇上より平台に召対せられしとき、文臣銭を愛せず、との語ありき。然れども今の世、何れの処か用銭の地に非ざらんや。何の官か愛銭の人に非ざらんや。（皇上も亦た文官銭を愛せざるを得ざるを知るか[5]。）向に銭を以て進む。今安《いずく》んぞ銭を以て償わざるを得んや。臣は県官より起りて言路に居る。官を以て之を言えば、則ち県官は行賄の首たり。而して給事は納賄の魁たり。今の蠹民《とみん》を言う者、倶に守令の不廉なるを咎む。然れども守令亦た安んぞ廉なるを得ん。俸薪幾何ぞ。上司の督取するに、無碍の官銀と言わざれば、則ち未完の紙贖《ししょく》（抵当流れ処分益金）と言う（て応ず）。衝途の過客には、動《やや》もすれば書儀あり。考満して朝覲するには、三四千金を下らず。夫れ此の金は天より降るに非ず、地より出づるに非ず。而し

て守令の廉なるを欲するも得んや。科道は号して開市と為す。臣は両月来、金を辞すること五百なり。臣の寡交にして猶お然り。余は推すべし。乞うらくは大いに懲創を為し、其の已甚しき者を逮し、諸臣をして銭を視て汚と為し、銭を懼れて禍と為さしめば、庶幾《ねがわ》くは銭を愛せざるの風、観《み》るべきなり。

これは一々尤もな議論なので、天子は大いに嘉奨し、擢んでて右僉都御史に任じた。そして贓吏《ぞうり》に対する懲罰も或る程度まで実行しだしたことは、『崇禎実録』巻二、崇禎二年九月辛亥の条に、順天府尹、劉宗周の上言を載せて、

頃《このごろ》は、贓吏の誅を厳にし、執政より以下、重典に坐する者十余人、救時の権を得たりと言うべし。然れども貪、尽くは息まざるなり。貪風の息まざるは、導く者の未だ善を尽さざるに由るなり。

とあり、あまりにも甚しいと思われる貪官を処罰してみたが、一向に利き目がなかったことを明言している。なお『明儒学案』巻六十二、劉宗周伝には、丁度この頃、順天府尹であった彼が、

京師戒厳するに、上は廷臣が国を誤りて忠ならざるを疑い、稍々奄人に親向す。

という状態を憂えたことを記しているのは注意さるべきである。この年、清軍の侵入

にあい、入援した袁崇煥に二心あるを疑って投獄したのは、特に宦官の言に誤られた結果であったと言う。併し崇禎帝が大臣よりも宦官を重んぜざるを得なくなったについては、それなりの理由があった。『崇禎実録』巻九、崇禎九年八月庚辰の条に左の如き記事がある。

張元佐を以て兵部右侍郎と為し、昌平を鎮守せしむ。時に太監の天寿山を提督せしむる者は、皆な即日に往く。上、閣臣に語りて曰く、内臣は即日に行道す。而るに侍郎は三日して未だ出でず。何ぞ朕が内臣を用うるを怪しまんや。

これには朝廷の大臣らも返す言葉がなかったと思われる。斯くして一度は魏忠賢の党派を一掃して宦官を弾圧した崇禎帝であったが、再び宦官を信頼するに傾いてきたのである。

六　政争渦中の復社

以上のように諸般の情勢を分析して、考察を押し進めて行くと、一郷官にすぎない張溥が朝廷における大臣の進退に裏面から策動して効果をあげたとしても、さして不思議でないような気がする。但しそのような行動をとるに至ったのは、やはり何か切羽つまった理由がなければならない。

復社が情報網をもち、敵方の弱点となる秘密を探れば、相手方も亦た同じような戦術を以て対応するのは当然の帰結である。当時、崇禎三年から大学士として権勢を振ったのは、湖州府烏程県出身の温体仁であり、復社派の朝臣と争い、常に復社を目の敵としていたが、七年頃に至って、あからさまに復社の弾圧に着手した。『復社紀略』巻二に、

両張、既に烏程（温体仁）と隙あり。烏程深く慮るらくは、溥は在籍と雖も、能く遥に朝政を執る、と。乃ち心腹をして往いて呉地に官たらしめ、其の隙を伺いて之に中てんとす。（中略）因りて御史、路振飛を選んで、蘇松巡按となして、之を図らしむ。

とあり、この路振飛は着任すると、蘇松地方における郷紳が豪僕を縦って郷曲に武断する実状を調査して奏上した。そこへ嘗て復社社中であった周之夔が変心、「復社或問」の一編を草して世に広めて非難の声をあげることがあり、更に陸文声が張采を弾劾する等のことが重なってきた。

時に中央では温体仁の腹心、蔡奕琛《さいえきしん》が事を用い、復社に専横の事実があるかどうか

の真相を調査するに決し、南直隷の学政倪元珙《げいげんきょう》にその事を命じた。然るに倪はもともと復社の同情者であったので、反って張溥らの篤学なのを讃え、ただ社中数名の劣生の名を列挙して責を塞いだ。このために倪は地位を下し左遷された。蔡は更に陸文声らを嗾《そその》かして復社攻撃を強めようとすれば、復社の方でも総力を挙げて温体仁を弾劾するに努めた。

復社にとって幸いなことは、前後八年に亙って権勢を振った温体仁が病気のため、崇禎十年の六月に引退したことであった。併し間もなくこれに代って首席大学士となったのはその腹心の薛国観である。復社と温党との抗争は依然として熾烈を極めたが、この時も復社にとって幸いであったのは、薛国観が外戚、宦官に忤って、崇禎十三年六月を以て罷免せられ、やがて賄賂をとった疑いで獄に下されたことである。これには或いは復社側の運動もあったかも知れぬと思われる。少くも薛国観やその党の蔡奕琛は、自分らの罪は張溥によって造作された冤罪であると信じ、殊に蔡は獄中から上書して天子に訴えている。

薛国観に代って周延儒が、崇禎十四年に召されて大学士となった。周延儒は嘗て張溥らが会試に通過した際の正考官であり、当時の観念から言えば座師と門生との親密な間柄である。そこで周延儒が、温体仁と全く違った派閥から大臣となったのは、張溥ら復社の後援によるものだ、というのが当時専らの風評であったらしい。

周延儒が入閣した経緯を比較的詳しく伝えているのは『崇禎実録』巻十四、崇禎十四年九月甲申の条の記載で、

是より先、丹陽の監生、盛順、及び虞城の侯氏、共に金を斂《おさ》めて十万緡《びん》を得たり。太監の曹化淳、王裕民、王之心等に納賄して復た延儒を用いんことを営求せしに、少しく之を俟たしめらる。年を踰えて工部主事、呉昌時、家最も富む、私帑《しど》を出すこと前数の如くし、進士周仲璉《しゅうちゅうれん》をして伏行して故の大学士馮銓《ふうせん》の家に抵《いた》り、潜《ひそか》に内に通ぜしむ。果して召用を得たるは、昌時の力、多きに居る。延儒深く之を徳とす。

とあり、呉昌時は張溥と同じく周延儒の門生であり、また復社の社中である。曹化淳等は当時崇禎帝の親任を得ていた宦官であった。蔣平階の『東林始末』は殆んど右と同じく、ただ盛順の名を誤って賀順としているだけで、これによれば張溥は殆んど関係なかったものの如くである。

更に呉偉業の『復社紀事』によれば、周延儒の大学士任命には、張溥のみならず、

呉昌時も実は関係なかったのだと言う。尤も呉昌時が頻りに策動したことは事実として認め、彼が張溥に書を送って、盛順伯（順の字か）を先ず動かしてその助力を得べきを説き、盛はこれを聞いて、若し張溥の依頼あれば即座に実行に移りたしと提議したが、張溥は黙して応じなかった。そこで呉昌時は独り己が意によって動き、宦官らに働きかけたが、結局要領を得なかった。反って天子が発意して周延儒を召したのであって、

　召すこと上意より出で、初より他あるに非ざりしなり。而して来之（呉昌時）は自ら謂《おも》えらく、謀《はかりごと》は己が行えるなり、と。世事を視て彌々《いよいよ》為すに足らずとせり。

と結論している。併しこれには実はおかしな点がある。本当に張溥が関係しなければ、別に張溥を引合いに出す必要がなかったし、呉昌時の謀が行われなかったならば、同様にそんなことに初めから論及する必要はなかった筈である。呉偉業は張溥の門人であったという、あまりにも親しい関係から回護の筆をとったと見るべきで、反って信頼性を欠くのである。言いかえれば、呉偉業が否定したことが、反ってその事実が存在したことを物語っていると解すべきであろう。

『明史』巻二八八、張溥伝には単に、其（周延儒）の再び相《しょう》たるを獲しは、溥、これ

に力ありたり、と記すのみで、『資治通鑑綱目三編』巻二十、崇禎十四年九月の条には、

溥、乃ち吏部郎中呉昌時に属し、為に近侍に交関す。会《たま》ま帝、旧臣を用いんことを思う。遂に詔して延儒等を起たしむ。

とあるが、恐らくこの辺のことが真相に近いのであろう。この周延儒は先に崇禎二年から六年六月まで大学士の位にあり、次相の温体仁の謀によって地位を追われた者である。長い宰相の経験者であったから、誰に運動して貰わなくても相位に復しておかしくはない。併し有力な後援者があれば一層実現が容易である。またそういう際には門生たちが運動を試みるのは当時の官場における常識であり、また呉昌時が懸命になっている時に、もし張溥が冷やかに傍観していたとすれば、その方がおかしい。恐らく両人とも多かれ少かれ、周延儒の擁立運動に参加したことは疑いない事実と見るべきで、ただそれがどれだけの実効を現わしたかの評価は、当時の人達の間においても区々であったろうし、況んや今日から推定するなどは全くの不可能事に属する。

呉昌時が宦官に対して、最初の十万緡の上に更に同額の賄賂を送ったという話は、当時における色々な実状を現わしていて甚だ興味がある。軍需景気によって大きく儲

けた郷紳層は、その一部を賄賂として要路の権力者に附け届けして自己の野心を満したが、実はこのような行為を絶えず繰返すことによって、今度は郷紳層が権力者にとって必要不可欠な存在となり、結局それが郷紳を郷紳たらしめる地盤となったのである。次に十万緡という金額は、銀に直しても一緡一両とすれば千貫目、四トンに近い重さである。もしこれを荷車につけて分配して歩くとすれば大へんな騒ぎであるが、当時民間に会票という為替手形が行われていたことが、先に引いた朱祖文の『北行日譜』にも見えている。手形で決済がすめば、深夜人目をさけて授受するに極めて便利である。

賄賂が宦官に届けられたということは、宦官の発言力の増大を物語る。この頃崇禎帝は朝廷の官僚大臣に対して不信感を抱くことがいよいよ甚しくなり、同時に官僚群から孤立していた。『崇禎実録』巻十一、崇禎十一年正月乙丑朔の条に、

　任丘、清苑、淶水《らいすい》、遷安、大城、定興、通州の各官、貪縦不法なるを以て、命じて逮入せしむ。蓋し内詗《ないけい》して得たるなり。

とあり、内詗とは天子直接の偵探であって、もちろん宦官を使ってのことである。そして各官の貪縦を見逃していた公式機関の撫按らがその溺職を責められている。これ

が元旦匆々の政治であったのだ。

崇禎帝が官僚の背任罪を責めて誅戮を加えた例は数えきれないが、単なる死刑では満足せず磔刑のような極法を用いたのは、その主権者にあるまじきヒステリックな性格を物語るものである。『崇禎実録』巻十二、崇禎十二年八月庚戌の条に次のような記事がある。

故《もと》の庶吉士鄭鄤《ていまん》を市に磔にす。是より先、中書舎人許曦《きょぎ》、鄭鄤の不孝瀆倫なるを訐奏し、温体仁の疏と合す。法司をして定罪せしむるに辟に擬す。上、命じて等を加えしむ。鄤は武進の人、初め庶吉士に選ばれ、即ち直諫の声あり。書を読み文を能くす。故に文震孟、黄道周、皆な之と游ぶ。当時（温体仁）、鄤を借りて震孟、道周を傾けんと欲す。故に讞駁《げっぱく》逾々重し。而して鄤は郷に居り、淫傲不法なること多し。遂に惨禍に罹る。西市に詣りて尚お大いに冤を呼ぶ。廷臣皆な法を畏れて敢て申救する莫し。

そしてこの温体仁も宦官曹化淳と争った際には遂に敗北し、病を理由に退任せざるを得なかった。更に温が後任に推した薛国観も間もなく黜《しりぞ》けられて死を賜わった。このように天子が刑を用いれば用いるほど、益々官僚から孤立するので、さてこそ旧臣を再登用しようという気にもなり、そこへ周延儒が浮び上ってきたわけである。周延儒が宰相となった為、復社に対する追及は自然に沙汰止みとなった。併しこれと前後して、崇禎十四年五月、復社の張本人たる張溥自身が病歿した。年僅かに四十歳であったと言う。

併し崇禎帝の周延儒に対する信頼は決して厚いものではなかった。同時にこれは清朝からの侵攻、内乱の蔓延が日一日と甚しくなり、朝廷の財政が益々苦しくなるという環境の悪化が手伝っていた。やがて周延儒の側近、呉昌時、周仲璉、幕客董廷献らが私利私欲を営んでいる事情が摘発された。天子は自ら中左門に臨み、呉昌時を引き出して訊問を加え、拷掠《ごうりゃく》して脛を折るに至って止めたとある。遂に呉昌時は棄市せられ、周延儒は自尽を賜わった。時に崇禎十六年十二月、明の滅亡する数月前のことであった。

そんなら天子を失望させた大臣官僚に代って、ある程度の信頼を保っていた宦官の実体は如何であったであろうか。虞城の侯氏、更に恐らくは呉昌時が、周延儒を宰相にする為に働きかけた宦官曹化淳が天子に気に入られたのは、美人を後宮に進めたためであるらしい。『崇禎実録』巻十五、崇禎十五年七月丁丑の条に、太監曹化淳、江南の歌姫数人を進め、甚だ嬖《へい》を得たり。

と見え、同年九月戊子の条には、

命じて良家の女を採り、九嬪《ひん》に充てしむ。

とあり、この時は流石に官僚から抗議が出て実行が中止されたが、この献議にも或いは曹化淳が加わっていたかも知れぬ。そして最後に李自成の軍が北京城に迫った時、彰義門を開いて賊を入れたのは、外ならぬこの曹化淳であった。天子が已むを得ず、すがりついた宦官に、最後の土壇場で裏切られたのだ。

宦官の明滅亡に対する責任のもう一つの例を挙げよう。明が清朝に対抗する最大の武器は大砲であったが、銃砲火薬の製造は宦官の掌握下にあった。『明史』巻七十四、職官志宦官の条に、所謂ゆる二十四衙門の外に、

安民廠旧名王恭廠。各々掌廠太監一員あり。貼廠僉書、定員無し。銃砲火薬の類を造るを掌る。

とあり、その所在は安定門に近い場所であったと思われる。然るにこの火薬廠が度々爆発事故を起しているのである。いま『崇禎実録』からその記事を拾うと、

七年九月丁巳、王恭廠の火薬災《わざわい》す。数千余人を傷斃す。（巻七）

十一年四月戊戌、新廠灾す。七百余人を斃《たお》す。（巻十一）
同年六月癸巳、安民廠灾す。万余人を傷け、武庫幾んど空なり。五千金を発して賑恤す。（巻十一）
同年八月丁酉、安定門の火葯局復た灾す。（巻十一）
十二年六月庚子、火葯局灾す。（巻十二）

とあり、このように連年爆発しては、それが前線の軍事に影響せぬ筈はない。果して同書巻十七、崇禎十七年二月戊子の条に、

寧武関陥る。寇（李自成）の関に薄《せま》るや、檄を伝えて、五日にして下らざれば、且つ之を屠らん、と。総兵周遇吉、悉力拒守し、大砲を以て賊を撃殺すること万余人。会《たまた》ま火葯尽きたり。

とあって火薬の不足のために城が陥ったのであった。こんな例は恐らく至る所で見られたことであろう。

もちろん度々の火薬爆発はその直接の原因が何であったかは知る由もない。併しそれは掌廠宦官の職務怠慢からきたものである点に変りはない。火薬製造のような極秘重要作業は、天子がこれを外廷に委託することを好まず、本来ならば工部、若しくは

将作監に属すべき業務であるに拘わらず、天子の直接監視下におくため、特に宦官に委任したのであった。然るにそれがこのような状態に陥っては、期待に負くことこれより甚しきはない。天子は已むを得ずして信任せざるを得なかった宦官からも実際は孤立していたのであった。絶望の時代たる所以である。

官僚は天子を信頼せず、天子も官僚を信頼せず、官僚は互いに官僚を信頼せず、そこに党を造ることを禁ぜられながら、しかも党争が盛行する原因があった。『明史紀事本末』巻六十六の論賛に、倪元璐《げいげんろ》の言を引き、

宵人と正人と皆な以て敢て党を言わずして、而して党愈々熾んなり。党愈々熾んにして国是問うべからず。

と言っているが、絶望的な相互不信の世界において、只一つ通用する原則は権力であった。党争はその本質において権力闘争に外ならないのは古今同断である。

七　張溥の人物

復社は文社なる名の文化活動に始まりながら、結局はその社規に反した政治活動に終ってしまった。或いはそれは已むを得ざる反権力闘争であったと弁護されるかも知

れない。併し実際の場合、反権力運動を推進する集団自身は兎もすれば権力の信者であることが多い。我々はその実例を復社の領袖、特に張溥その人の中に見出すことができる。いま『復社紀略』によって、その最も特徴的な佚事の一、二を紹介しよう。

門人の呉偉業が会試に首席で合格した際、その答案を刊刻して発表したが、普通そういう際には房師が序文を附するのが慣例であった。房師とは約二十名ほどの同考官のうち、該答案の担任者となり、下見して推薦した者のことで、呉偉業の房師は李明濬であり、呉の父と親交があった。然るに張溥は己の門人だという理由で、呉会元の刻稿に、天如先生鑒定という標題をつけさせた。自己を無視された李明濬は大いに怒って呉偉業を破門し、門生の籍を削るといきまいた。呉偉業はびっくりして、同僚の徐汧《じょけん》にたのみ、同道して詫びを入れ、罪を出版した書肆になすりつけ、警察から訓戒して貰うことで取繕った。張溥としては門人を私物化して、完全に自己の権力の下におかぬと承知せぬ性質なのであろう。次には任官して間もない呉偉業に命じ、人もあろうに権相温体仁を弾劾させようとして呉を困らせたことがある。更に刻稿のことによって李明濬を恨み、崇禎八年の京察にこれを陥れようと計ったことがある。

張溥の父は翊之《よくし》と言い、太学生で終ったが、その兄の輔之は進士となり、官は南京礼部尚書に至り、自然に財力富厚であり、陳鵬《ちんほう》、過崐《かこん》なる二人の僕に家事を委任してその専横を黙許した。二人は翊之を蔑視し、殊にその子の溥は婢の出であるので、待遇するに礼を欠く所が多かった。溥は血を嚙んで壁に書し、仇奴に報ぜずんば人子に非ざるなり、と誓った。後に溥が庶吉士を以て郷居して権勢を振うようになると、府の理刑に申立てて陳、過の二僕を捕え、崇明県の獄に下し、知県顔魁登が獄吏に言い含め、両人を暗斃したと言う。何故に崇明県まで送ったかの理由は明らかでないが、盥まわしにした揚句、最も人目のつかない所で暗に手を下したのであろう。概して当時の郷紳には階級的な自尊心が強く、下層階級に臨む時、殆んどこれを人間視しない風があった。尤も張溥にすれば、彼は二僕が全く無力なるが故にこれを蔑視したのでなく、当時江南における弊害として指摘されたように、いわゆる豪奴が主人の権勢を笠に着て横暴に振舞う風があり、二僕は正にそれに当るものであったが為にその僭越を憎んだのである。

張溥の下層階級に対する差別意識は胥吏の上にも及んでいる。同派の祁彪佳《きひゅうか》が蘇松巡按になってきた時、積猾四人を廉してこれを杖殺したことが、『明史』巻二七五の彼の伝に見えているが、『復社紀略』巻二によると、そのうち太倉州の奸胥《かんしょ》、董寅《とういん》卿《けい》なる者の姦を告発したのは両張であったと言う。また崇禎九年、武挙の陳啓新なる者が時弊を上奏して、宰相温体仁の意に叶い、一躍吏科給事中に抜擢されて世人を驚かしたが、復社は手を尽して身許を洗い、彼が嘗て淮安の胥吏であったことを突きとめ、これを弾劾してその失脚の緒を造った。明は太祖の遺訓として、胥吏は科挙に応ずるを許さないことが先例となっていたからである。

以上のような点で、張溥の人間観は決して今日から見て新しいとは言えない。これは当時の社会の水準を現わすものであるが、さればと言って直ぐ当時を封建社会だと定めてしまうことは適当でない。そう言い出せば現今の世界でも太半は封建社会ならざるはないであろう。そもそも絵に描いたような近代社会などは、何処を探しても見つかるまいからである。

張溥の思想なり行動なりが、それほど時流から遥かに抽んでるものではなかったとしても、猶お且つ彼が歴史上において占める地位が甚だ大なるものがあったことは否定できない。彼の生涯は四十歳と称せられ、三十歳で進士に合格したとすると、社会的に一人前の地位を認められて活躍したのは僅々十年ほどしかない。学問上の活動はそれ以前から始まったとしても、せいぜい合せて二十年そこそこのことであろう。併し彼はその間に三千余巻の著を著したと言う。我々はその全部の内容を知ることが出来ず、今日に伝わるものの多くは、著書と言うよりもむしろ編集、又は刪正と言うべきであって、厳密な意味における学問的な研究とは言い難い。さりながらその故にその影響を無視することは決して適当ではない。

彼の名を冠せられた出版物の中、我々にとって最も注意すべきものの一は、『歴代史論』であろう。近時の坊刻本は張溥の『資治通鑑紀事本末論正』、又の名『歴代史論』十二巻に『宋史論』四巻『元史論』一巻を加えて中心とし、前に高士奇の『左伝史論』二巻、後に谷応泰の『明史論』四巻を配して合刻したもので、光緒五年譚宗浚の序を附している。今その全体に亘って論ずる暇がないが、最も特徴的な彼の史論の一節として、南宋の高宗に対する意見を紹介するに止めよう。

『宋史論』巻二に、北宋末の靖康の変を扱った「金人入寇」以下の数章がある。普通に北宋の滅亡に関しては、その全責任が徽宗に負わされ、南宋の高宗については、せいぜい岳飛を殺したり、金に対して弱腰であったりした点が責められ、しかもその大部分は宰相秦檜《しんかい》が肩替りして悪玉になるのが、大方の意見であった。ところが張溥はこれに反し、徽宗が慾を窮むること三十余年にして、天人ともに怨怒したことは事実であるが、併し更に一層の敗徳者はその子高宗構であるとして、殆んどの場合に高宗と言わず、単に構と実名を以て名指して、その責任を追及している。曰く、
予《わ》れ宋史を読み、紹興十年、観文殿大学士、隴西の李綱薨ず、というに至りて、書を廃して泣かずんば非ざるなり。曰く、王の不明なる、孰れか高宗構の如き者あらんや。
彼れ趙構なる者、金虜に逼られて、越に如《ゆ》き温に如き、明に在り杭に在り、海舟に居り港口に泊し、流離して殆んど死せんとして、(詩の)営々たる青蠅(讒言)を一も悟らざるなり。唐の徳宗の陸贄《りくし》に於けるや、之を艱難の日に用いて、之を無事の時に棄つ。後世その極悪なるを譏《そし》る。構の李綱に於けるや、尤もこれよりも甚し。徳宗は猶お母を念う。而して趙構は父を忘るるに忍ぶなり。
構の性の無良なるや、幾んど夷虜に同じ。金人の愛する所、構も亦た之を愛す。金人の讐する所構も亦た之を讐とす。既に汪伯彦、黄潜善を悦べば、必ず秦檜を相とす。既に李綱、宗沢を怒れば、必ず岳飛を殺す。詩(何人斯)に云う、靦《てん》たる面目(人間の外形)あり、人を視る極まりなし、と。構は則ち吾れ其の(本心の)極を知らざるなり。

史に言う、徽宗の国を失うや、愚は晋恵に非ず、暴は孫皓《そんこう》に非ず、簒奪するものは曹丕、司馬炎に非ず。独り不幸にして子の厄ありたり。一たびは欽宗に敗れて明皇（玄宗）が西内の望みを絶ちしがごとく、再びは（晋の）愍《びん》帝が平陽におけるの轍を蹈《ふ》みたり。むかし神龍の年に（唐の中宗が）父（高宗の後）を継げば、（皇后韋氏と）夫婦の義喪び、のちに建炎の年に高宗が兄（欽宗）を継げば、父子の道亡びたり。固より類を同じくして並び笑わるべきなり。

とあって、高宗を批難して完膚なからしめているが、これほど甚しい言葉で天子が誹謗されたことも他にあまり例を見ない。

そもそも中国における史論は、過去を論ずるが如く見えて、実は当時の現実になぞらえていることが多い。殊に感慨をこめて論ずる場合を然りとする。そんならば張溥は高宗を批評することによって、当時の世論に何を訴えようとしたのだろうか。

張溥が恩貢生として京師に上ったのは崇禎元年のことであり、その翌年が即ち己巳の歳で、清の太宗が北京に迫った年である。恐らく張溥は既に帰郷していたと思われるが、警を聞いて思いを曾遊の地に馳せ、感慨を新たにしたことであろう。彼の高宗論は必ずや、明清対立の時局によって激発されたものであるに違いない。そして彼の抱いた対外国政策論は徹頭徹尾、強硬な積極主義であった。

彼の言いたかったことを、ある程度の推測を混えて復原するならば、恐らく次のようになるであろう。まず天子の立場は、徽宗が万暦帝に、欽宗が熹宗天啓帝に、而して高宗が崇禎帝に比定さるべきであったであろう。徽宗と万暦帝とはその長い治世の間に、綱紀を頽廃せしめた責任を逃れることはできない。欽宗と熹宗とはその置かれた環境は大いに異るが、その失敗について恕《ゆる》すべき点があるのは共通である。欽宗は在位が短時日で且つ上皇徽宗の監視下にあったので、一人前の天子として扱うことができぬ。熹宗は性来暗愚で年齢も若かったので、宦官魏忠賢に壅蔽されたとしても、本気に咎めることが出来ない。問題はその兄の後を承けた高宗と崇禎帝とである。ところで崇禎年間には一方で清朝と懸命の死闘を繰返しながら、一方では陰に和議の瀬踏みが行われていたのであった。非業の死を遂げた袁崇煥も和平交渉に深入りしすぎ、敵を利用して朝廷を脅かしているかの嫌疑を蒙って失敗したのである。

後世から見て不思議なことは、明清両国の交渉において、和平に熱心であったのは何時も清朝側であったことである。即ち崇禎の初から七年頃に至るまで、連年満洲国皇帝の名を以て明国皇帝に書を送って、和議を促進すべきことを唱えざる年はない。

これに対して明側から正規の国書を送ったことは一度もなく、時に辺将から休戦を提議する意味の書翰を発するに止まった。而して明側が和議に踏みきれない最大の障害は、満洲国皇帝が提議した明国皇帝と対等の立場において国交を行うことを認め難いという、もっぱら体面的な問題からであった。そこで満洲国側は、帝号を去って汗と称してもよい、という所まで妥協しようと言ったが、明側は遂に取りあわなかったのであった。最後に崇禎十五年、崇禎帝は兵部尚書、陳新甲と密議し、極秘裏に和議を進め、使者を瀋陽に派遣することまでしたのであるが、この計が外廷に漏れ、諫官等が騒ぎ出すと、天子は反って一切の責任を陳新甲に負わせて死刑に処して体面を繕った⑹。大学士の周延儒も、事がこのように重大になると、後難を恐れ、敢て身を挺して救おうとはしなかった。

崇禎十五年と言えば、張溥の死んだ翌年であり、またその翌年には周延儒、呉昌時が殺され、更にその翌年に明が滅びている。ところで若し張溥がもう数年長く生き延びていたなら、彼の運命はどうなったであろうか。先ず和平交渉の段階において、彼の攘夷思想は決して改まらなかったと思われる。それは彼一人だけの問題でなく、当時の官僚政客に共通した中華独尊思想が横溢していたからである。さればと言って何人も、それならば飽迄も抗戦を続けてどんな結果になるかと問われれば、誰一人として成算はない。この点では万人が等しく無責任であったと言わざるを得ない。

後世から当時の形勢を分析して言うならば、明王朝にとって唯一の延命策は清朝と講和して内政を整えるより外に考えようはない。そうすれば滅亡後に続いた凄惨な内乱の悲劇も避けることができたであろう。併したとえそのような破滅的な結末が万人によって予感されたにしても、誰一人としてそれを公言することが許されないほど、世論が硬直化したものであったのを、我々は張溥の史論の中から読み取ることができる。この点から言えば、張溥も亦、明を滅亡に駆りたてた立役者の一人だと言っても差支えないであろう。

次に張溥が若し生き長らえて北京陥落、清軍の南下という難局に直面したなら、どんな態度をとったであろうか。明末の諸名士の中にはもちろん、その生平の志を貫いて、立派に難に殉じた人も多かった。併し中には大勢に翻弄されて、予期に違った不名誉な生き方をして、世人に首を傾けさす者もあった。

張溥の兄事した周介生鐘は、遅く進士に及第し、庶吉士に任ぜられて北京にあり、李自成の朝廷に仕えて晩節を汚し、自成没落後、南に逃れて福王の朝廷に出仕したが、政敵の讒言によって死刑に処せられた。張溥の相棒である張采も栄えない死に方をした。福王の時に礼部主事から員外郎に進んだが、仮を乞うて去り、南都失守のどさくさに、彼を怨む者が集って彼を襲撃し、大錐を以て乱刺した。幸いにして彼は死んでまた甦ったが、隣県に逃げて匿れ、三年後に世を去った。南京の政界は温体仁の党派、阮大鋮や馬士英が用いられて勢力を振ったため、復社は抵抗を試みながら志を得ず、やがて清軍が南下すると、玉石ともに焚かれて滅びたのであった。

次に張溥の編著に係るものに『四書註疏大全合纂』があることは注意を要する。これは清代に隆盛を極めた考証学にとって、その一源流となるものである。そもそも明初、永楽帝の欽命によって、『四書大全』『五経大全』『性理大全』の三書が編纂されたのは、これによって儒教経典の解釈を統一し固定せんが為であった。少くも科挙に応ずる為の経学は三書をマスターすればそれで十分であり完全な筈であった。言いかえれば、それ以前の古註疏は、これによって不要に帰した筈であった。何となれば大全は古来の注釈の粋を採って集大成したものに外ならぬからである。然るに弘治、正徳の頃に至ると、蘇州を舞台として芸苑に活躍した祝允明（枝山）（一四六〇―一五二六）は、頻りに古学の復興を唱えたことが、彼の『懐星堂集』の中に見えている。巻

十、学壊於宋論には、

祝子曰く、凡そ学術は尽く宋に変ぜり。変ずれば輒ち之を壊す。経業は漢儒よりして唐に訖《いた》るまで、或いは師弟子授受し、或いは朋友講習し、或いは戸を閉じて窮討す。（中略）宋人都て之を掩廃し、或いは用いて己が説を為《つく》り、或いは稍々它人を援《たす》くることあるもそは皆な当時の党類のみ。吾は先人に如かずとも、果して一義一理無からん乎。[7]（我が太祖皇帝）学者をして経を治むるに古註疏を用い、参するに後説を以いしめんとして、士従わざるなり。

とあり、中間、私に読めない所があるが、要するに宛然たる考証学者の口調である。その巻十一、貢挙私議には科挙に註疏をも加うべきを説き、

宜しく学者をして註疏を兼習せしめ、而して宋儒より後、説を為して附和する者は必ずしも専主せざるを便と為す。

と言い、巻十二、答張天賦秀才書には、

故に僕、足下に勧むらくは、宜しく十三経註疏を尋ね、之を窮むれば当に自ら得ることあらん。（中略）若し嶺外に此の篇籍なきを患えば、幸に之を力致せよ。

と言い、更にこの下文に、歴史は宋元十九正史を読めと勧めている。

この祝允明の志を嗣いだのが、同じ蘇州府下に生れた張溥であったのである。彼が『四書註疏大全合纂』三十七巻を編著したのは、宋学以後の諸説は已に大全の中に収まっているから、それ以前の古註疏をば大全と併せ読むべきであるとし、それに便利にする為にこのような書を、呉門宝翰楼なる書肆から刊行せしめたので、見返しに張天如先生評訂と題している。(8) この書の全体の序文はなく、最初に置かれた大学について、大学註疏大全合纂序を附し、その終に崇禎九年正月日後学婁東張溥序と署名し、西銘之印、太史氏なる二夥の印影が写してある。張溥が大学にだけ序文をつけたのは、これが最も問題のある書なので、いわゆる大学古本を採用した理由を説明すれば、他の三書については別に言う必要がないと考えたからであろう。この序は、

古本大学は石経の文と異り、今の註疏は蓋し古本なり。論者謂えらく、漢儒の註本は詮易すべからず、と。其の言は是に近し。然るに朱子の章句は尽く其の旧を更《あら》ため、又た意を以て補亡すること少なからず。遜譲して即ち云う、其の伝は之を河南の程氏に得たり、と。

で始まり、次の文で終っている。曰く、

今の学者、補伝において其れ敢て信ぜざるは、亦た猶お是なるならん。近代の訓

詁は学庸に尤も繁なり。其の説は類《おおむ》ね朱子に倣うと託す。抑も知る、之を言うこと彌々《いよいよ》多くして、之を去ること彌々遠し。註疏大全に非ざれば、能く救う莫きなり、余尤も稟々たり。

張溥のこのような思想は何もこの時に急に湧き出たものではない。『復社紀事』によれば彼が崇禎元年、恩貢生として入京した時、郊廟辟雍の外観の盛大なのを縦覧した後、喟然《きぜん》として太息して、

　我が国家経義を以て天下の士を取ること、三百載に垂んとす。学者宜しく微言を表章し鴻業を潤色するあるを思うべし。今公卿六芸に通ぜず、後進小生は剽耳傭目して、有司に弋獲せられんことを倖いす。怪しむなきかな、稼人柄を持し、而して枝を折り痔を舐むるもの、半ばは孔子を誦法するの徒に出づることを。他なし、詩書の道虧《か》けて、廉恥の途塞がればなり。

と言ったとあるが、これを清朝浙東派の元祖とされる黄宗羲の言葉、

　明人の講学は語録の糟粕を襲ぎ、六経を以て根柢と為さず。書を束ねて游談に従事し、更に流弊を滋す。故に学者は必ず先ず経を窮むべし。

とあるに比べて何と相似たことか。だから梁啓超の『清代学術概論』に、

清代の思潮は果して何物ぞや。簡単に之を言えば、則ち宋明理学に対する一大反動にして、復古を以て其の職志と為す者なり。

と言っているのは、割引いて聞く必要がある。顧炎武、黄宗義の主張は殆んどそのまま張溥の唱えた所であり、復社という名も、興復古学の意によって名付けられたのであった。

張溥の編著、註疏大全合纂は四書の外に『五経註疏大全合纂』があったとされているが、その中の『詩経註疏大全合纂』三十四巻が『四庫全書総目提要』巻十七存目に著録されている。但し他の四経の存否を明にし得ない。他に提要に著録されたものは、『春秋三書』三十二巻と、『漢魏六朝一百三家集』百十八巻とであり、彼が刪正し、彼の名で通っている『歴代名臣奏議』三百五十巻は、原編者の黄淮の名で載せられる。別に『七録斎集』十六巻がある。

通観するに彼の編著は、単なる鋏と糊で切りはぎした書物が多く、学問的な著述と言うべきものは殆んど残っていない。彼の事業はむしろ稍々良心的な出版業と言うべきであって、著述業とは言えない。もちろんこの事業の中には彼が目的とする古学、古文の復興の意途が含まれていたには違いないであろうが、同時に彼はこれによって相当の経済的利益をも獲得したであろうと推察される。そして彼の出版物を売り広めるには、また彼の名声が役立ったことも疑いない。そして彼が掌握する情報網がその宣伝、時には現物の送達にも大いに利用されたのではなかろうか。

世は既に情報時代に入っていたのである。情報時代には名声が即座に換金できる。出版監修業とも言うべきものが可能になっていたからである。そして現銀はまた直ちに権力に兌換できる。官位は買うことが出来、官府は金で動かすことができるからである。更にこの権力は益々その名声を高めるに役立つ。

恐らくこのようにして得たであろう張溥の名声は、併しそんなに長くは続かなかった。世の中がすっかり変ってしまった清朝になって学者が張溥の業績を審査すると、意外にそれが貧弱なものであることが、一目に判ったのである。『四庫全書総目提要』の筆者は、もとより考証学に凝りかたまった学者であるが、張溥が同じ傾向の先覚であるからと言って、その業績を批判するに阿諛する所がなかった。

〔歴代史論〕議論凡近にして筆力尤も弱し。殊に其の名に称わずと為す。

〔詩経註疏大全合纂〕溥の是の書、註疏及び大全を雑取し、合纂して書を成す。科挙の士の残匱を株守する者には差々《やや》愈《まさ》る。然れども亦た鈔撮の学にして、考証する所無きなり。

〔春秋三書〕（溥は）経学において、原《も》と擅長する所に非ず。此書は未成の本たり、亦た別に奥義なし。

〔漢魏六朝一百三家集〕溥は張氏（燮）の書を以て根柢と為して、馮氏（惟訥）梅氏（鼎祚）の書中、其の人の著作稍々多き者を取り、排比して之を附益し、以て是の集を成す。巻帙既に繁く、得るを努め多きを貪り、限断に失するを免れず、編録も亦た往々にして法なく、考証も亦た往々にして未だ明かならず。（中略）溥は張采と、復社を唱え、声気蔓衍、幾んど天下に徧ねし。然れども甚しくは学派を争わず、亦た甚しくは文柄を争わず。故に著作皆な甚しくは多からず。溥の撰述する所、惟だ刪定名臣奏議及び此の編を巨帙と為す。名臣奏議は去取未だ尽く允《まこと》なる能わず。此編は則ち元元本本、検核に資するに足る。溥の遺書は固と応に此を以て最と為すべし。


とあるように、張溥の編著の中で『一百三家集』だけが及第点を与えられている。併しながら提要が既に、「人に因りて事を成す」と言っているように、張燮の書が七十二家集、三百四十七巻のものを、百三家、百十八巻と、人数を増して巻数を減したような仕事が、果してどれだけ価値あるものか。要するに資料であるならば、なまじいに刪節を加えずに、あるがままに網羅した方がよいのではないか。若し文章論をやるならば別の場所で願いたい、と我々ならば言いたい所である。だから今日の我々には厳可均の『全上古三代秦漢三国六朝文』が出来た上は、張溥の『一百三家集』は無くもがなの書のように思われる。

要するに張溥の編著は、今日でも必要不可欠とされるものは何もない。だから若し彼が学者であり、文人であったとしたならば、これは甚だ不名誉なことだ。そんなら彼の人物は全く取るに足らぬ存在で、歴史の上から無視しても構わぬ底のものなのであろうか、と言えば決してそうではない。政治史の上で、若し張溥を抜かして明末を語ろうとすれば、そこに大きな穴があく。考証学の発達を語るにも、若しそれを明の祝枝山のあたりから説き起そうとすれば、どうしても次に張溥で受けなければならぬ。むしろ張溥の地ならしがあったればこそ、いわゆる清朝の考証学はだしぬけに清初から、殆んど成人のような顔をして誕生することができたのではなかろうか。張溥の存在は、伝統的な固定概念で捉えるべきではない。彼は本質的には今日いう所のジャーナリストであったと考えるのが一番適当であろう。私は先に明末は既に情報社会であると言ったが、その情報社会へ、恐らく最初のジャーナリストとして登場したのが張溥であったと言えば一番それがぴたりとする。彼は来客を前にして、下書きなしで文を草したという程の早書きであったと言うが、それがジャーナリズムの文章であったとすれば合点が行く。もしそんな文章が全部残っていて、それを集めれば面白い文集ができるであろうし、また色々な意味で有益であろうが、但しそれは恐らく、いわゆる文章家の文章とは随分毛色の変ったものであるに違いない。それは文章として後世に残ることを目的としたものでなく、何らかの意味において切実な現世の目的を捉えてそれを解決するに役立てる事務的な文章だったからである。彼が反権力闘争に従事しながら、自身はひときわ権力慾が強かったことも、彼がジャーナリストであることを思えば、何よりも自然に理解が行くであろう。彼の身は単なる里居の一庶吉士でありながら、遥かに朝政を執る、と称せられたのも、現時のジャーナリストが無冠の宰相などと称せられることもあるのに比べて甚だ興趣深い。彼の生涯はジャーナリスト的生涯であり、彼の事業はジャーナリスト的事業であった。だから後世に何物をも残すまいとすれば、残さずにすんだ。それで彼は別に悔いることはなかったのであろう。

張溥の生涯について小論を物したいことは私にとって長年の懸案であった。彼の存在は明末の政局を解明する為に重大な意義を有することを前から考えていたからである。それを今まで怠ってきたのは、彼の全文章に目をとおすことが出来ないからであった。普通にある文化人の伝記に取組むためには、先ずその全集に目を通すのが常道である。若し全体を精読することができなくても、少くもこういうことは書いてないということを確かめないと安心できないからである。然るに今度『東洋史研究』編集委員から、郷紳特集号にと執筆を求められたので、若しこの期を失すると、何時再びその機会が訪れるか知れないことを思い、勉強不足を承知の上で取りかかった。ところが考察を進めて行く間に、張溥の場合は全作品を精査するにも及ばないと思うようになった。彼の文章には応酬の文が多い。そうでなければ李鴻章の全集のように事務的なものが多く、曾国藩の全集のようなものにはなり得ない。それは史料にはなり得ても、精神生活や学問の奥行を示す役にはあまり立たない。更にこの時代の社会情勢を検討して行くと、初は如何にも不自然なことのように考えられたことが、そのままでも別におかしくないと感じられるようになった。これが私にとって期待とは異った収穫であった。論文の体裁が普通とは少し変っていることは自ら自覚しているが、このような題目には寧ろこの方が適当であるとまた私なりに考えるのである。(9)

注

（1） 張溥がはっきり郷紳とよばれた例。復社紀略巻二に、周之夔が張溥、張采、劉士斗を弾劾した記事を載せ、「之夔遂坐溥采、悖違祖制、紊乱漕規、指士斗、為行媚郷紳」とあり、巻四には同じことを、張国維回奏中の語として、献媚郷紳、と言いかえている。
（2） 張溥著書の巻数。明史巻二八八、彼の伝に、三千余巻とあるが、呉偉業の復社紀事には、「先生所纂、五経疏大全、及礼書楽書、名臣奏議数百巻、繕書進覧」とあり、天子に進呈したのが数百巻であったのか、全部で数百巻であったのか明らかでない。
（3） 明末と後漢末と。明末の復社の活動は後漢末のいわゆる処士横議を連想させる。もし明末の復社活動がその情報網を背景としたならば、後漢末も同様ではなかっただろうか。後漢末の情報は恐らく口コミによって、口から耳へと伝達されたであろう。その際伝えられた謡、汝南太守范孟博、或いは天下模楷李元礼などの句は、今日で言えば新聞記事の見出しに当る。少くも人名を取違えてはならぬ配慮がなされ、各句について註疏が附されて事実が演繹されたに違いない。
（4） 明末政府の歳出入数に関する黄承昊の上疏は、明史紀事本末巻七十二、崇禎治乱の条にも見え、この方が万以下の細数をも記しているが、細数は必要がないので、実録の文を出した。但し紀事本末によって補った点がある。
（5） 韓一良の疏は、崇禎実録巻一にも見える。括弧の中は実録によって補った部分である。
（6） 陳新甲の死。崇禎実録巻十五、崇禎十五年九月戊子の条に、「誅前兵部尚書陳新甲、初周延儒入其賄、営解甚力、因奏、国法大司馬、兵不臨城、不斬、上曰、他辺疆即勿論、僇辱我親

藩七焉、不甚于薄城乎、延儒語塞、既而刑部署事右侍郎徐石麒奏、其醸寇私欵、（立奏？）上竟棄市」とあって周延儒が陳新甲を庇ったことは他書の記載も同じ。然るに巻十六、崇禎十六年十二月乙丑の条に、彼が死を賜わったことを記した後に、「及再相、反温（体仁）所為、而嗜利無厭、往往鬻爵、時方得君、不顧外患、欵局敗、委罪陳新甲、没其厚賂、欺蔽明主、敗壊国事、遂以亡天下」とあるのは前と矛盾する。恐らく最後の所は、周延儒と言い乍ら、実は崇禎帝のことを述べたのであろう。以亡天下の四字の言葉がそのことを暗示しているようである。

（7）祝允明の原文は、「吾不如果無君子一義一理乎」とあり、どうも読めないので、君子の二字を、果の上へ出して読んでみたが、これでもまだ十分には落付かない。

（8）張溥の四書註疏大全合纂については、拙稿「四書考証学」（アジア史研究第四）〔全集第十七巻所収〕参照。

（9）この小論と共通する題目を取扱ったものに、小野和子「明末の結社に関する一考察――とくに復社について――」（史林第四十五巻第二、三号）があるので、なるべく記述重複を避けた。

石濤小伝

清初の僧、石濤《せきとう》の画がもてはやされるようになったのは、そんなに新しいことではないが、さりとて古くから真価に定評があったわけでは猶更ない。従来は清朝画といえば、いわゆる四王呉惲《ごうん》と一括される[1]、蘇州を中心として栄えた正統派を以て代表させていたのであるが、やがてこうした伝統的な価値観に転換が起り、新たに揚州を中心として興った新鮮な画風が珍重されるようになった。その中心となる揚州八怪[2]の名は早くから知られていたが、その源流を辿って行くと、石濤なる画僧の存在につきあたるのである。そしてこのような価値観の転換には、日本の中国学者青木正児、南画家橋本関雪の研究が先鞭をつけており[3]、これを中国人が素直に受入れたことについては、当時の社会情勢、すなわち思想革命、文学革命、五四運動を経験して、旧弊悪習の打破、新文化・新社会の建設を目ざして躍動し始めた思想潮流がその背景をなしていたのである。

石濤は本名朱若極、明末崇禎年間（一六二八―四四）に、王室の疎族の一人として生れ、明が亡びて後、清の初期康熙年間（一六六二―一七二二）に活躍した画僧である。石濤はその字であり、別号に清湘道人、大滌子、苦瓜和尚、瞎尊者《かつそんじゃ》、法号に道済、弘済などあり、その画蹟数百、題跋もまた数百首が現今に残っているという。それにも拘わらず、その生歿年をはじめ、確かな事蹟が殆んど分っていない。これは彼の画がその生存中にはさまで声価が高くなく、交友も限られていて、名士との応酬が少かったせいであろう。彼の伝記としてはずっと後世になってから伝聞を記したものが多く、史料的価値において劣るを免れない。

更に近年、石濤の評価が急激に上昇するにつれ、画蹟題簽に偽物が多く混入するに至った。中には歴とした石濤研究家が自ら偽物を創作して公衆の面前に陳列するという、奇怪極まる事件さえ横行して、いよいよ混迷を深からしめた。もう一つ悪条件が重なったのは丁度同じ頃に、もう一人別人の石濤和尚が実在して、当時の文人仲間と交際していた。このような善意悪意の悪条件が錯綜して、石濤なる人物の輪郭をちぐはぐなものに仕立てあげたのであった。

明末清初の大動乱は全中国の人民を戦火と飢餓の淵に追いこんだ。その混乱は今次大戦の敗戦国のそれに彷彿たるものがあったであろう。その中にあって特に不利な境遇を重荷に背負って生いたち、更に画家としてその信念の命ずる所によって、不利なる条件を甘受しながら新しい途を切開こうとすれば、これに伴って肉体的労苦は言うに及ばず、予期せざるさまざまの精神的苦悶をも経験しなければならなかったに違いない。蓋し先駆者にとって古来共通の悩みである以上、これを免れる途はなかったのである。石濤に対するアプローチの方法は既に前人によって種々に試みられた所であるが、私は先駆者として当面した所であろう彼の内面的な苦悶の道程を迹つけることを主眼として筆を進めたいと思う。

いま予めその筋道を明示しておくならば、先ず第一には、石濤が明の一族として一般人よりも特に重い負担に堪えなければならなかった苦しみ、第二には、当時の伝統的画壇に対抗して、自己の信念に従って芸術活動を続けようとする時に蒙らねばならなかった外界との摩擦、第三には芸術家という新しい生活様式を樹立する過程における外部からの批判と、これに対する反省の苦悩、凡そこのように総括され得るであろう。

石濤が明の王族の一人であったということは、明の滅亡によって従来の特権が失われ、単なる一庶民になり下らねばならなかったことを意味する。しかも新支配者は満洲から起った異民族の清王朝である。だから普通ならば石濤は清朝に対して、亡国の恨みと共に、異民族に向けての攘夷的敵愾心が起って然るべきであった。ところが石濤の場合、事情は甚だ複雑であって、そう簡単に割り切ることはできないのである。

だいいち明王朝の滅亡という革命は、清朝側の口吻を借りるならば、それは清朝の手によったものでなく、流賊李自成の仕業ということになる。清朝はむしろこの李自成を討伐して、いわば明の最後の天子、崇禎帝のために仇討をしてやったので、清朝の天下は明から奪ったのでなく、流賊の手から取り上げたものである、と言って言えぬことはない。

そして石濤の場合は、もう一つ複雑な事情がからんでいる。それは彼は明の太祖の子孫ではなく、傍系から出ているという事実からくる。明の太祖には同母兄があり、興隆と言い、その子に文正があり、文正の子守謙が広西省の桂林において土地を与えられて、靖江王に封ぜられ、以後子孫がこの王号を継承した。守謙の嗣子が賛儀であるが、賛儀より以降、この王家は太祖によって命名法が定められ、同じ世代は上の一字を共通に名乗ることになった。その定められた文字を順に列べると、教戒の意を寓した一首の五言詩が出来上る[4]。

賛[1]佐[2]相[3]規[4]約[5]　賛佐するに相い規約し、
経[6]邦[7]任[8]履[9]亨[10]　邦を経《おさ》むるに履《り》(礼)に任ずれば亨《とお》る。(履亨は易の卦の名)
若[11]依[12]純[13]一[14]行[15]　若《なんじ》、純一に依りて行えば、
遠[16]得[17]襲[18]芳[19]名[20]　遠く芳名を襲《つ》ぐを得ん。

つまり靖江王の一族は、二代に当る賛儀、及びその同世代が命名第一号として賛某と名付けられ、下って石濤は本名若極であるから第十一号に該当するわけである。そこで賛儀から数えると、その十世の孫になる。現に石濤が使用した印の中に、賛之十世孫阿長、という七字を刻したものがあり、阿長は彼の幼名であろう。

靖江王家の最後の王は名を亨嘉《こうか》と言い、これが石濤の父と認められている。ところがこの亨嘉は非業の死を遂げた。しかもそれは清朝の手によってではない。むしろ明の王室間の、いわば内ゲバ事件によって殪されたのである。

崇禎十七年(一六四四)、北京城が李自成に占領され、天子が自殺すると、清朝は

時を移さず、兵を進めて、苦もなく中国北部を平定した。同時に南京では万暦帝の孫に当る福王が擁立されて天子の位についた。併し南京朝廷においては前代から持越された党派争いが再燃して国論が一致を欠き、俄か造りの軍備では百戦錬磨の満洲兵に立向うべくもない。福王が自立したのも束の間で、満一年後には清朝軍に南京を攻略されて自身も捕虜となった。

福王は帝室の近親であったので、それが帝位を践むことに、地方の官民の大方は異議がなかった。ところがその福王政権が倒れると、各地で明の一族が兵を擁して自立を計ったが、その多くは本流から縁遠い疎族の出であったことが注意される。自立諸王の中、最も人望のあったのは唐王聿鍵《いっけん》であり、太祖の子、定王の後であるということは、明王室の本流から分れて十余代を経たことを意味する。南京から逃れて福建に入り、監国と称した。監国とは摂政の意味で、真の天子の出現を待つという謙辞であるが、同時に将来自己が登位するかも知れぬという含みをも持っている。同時に太祖の子孫なる魯王があって浙江省で自立し、また自ら監国と称したが、後に鄭成功に擁立されて台湾に拠った。石濤の父と認められる靖江王亨嘉もまた、南京の失守を聞いて自立して監国と称した一人である。但し唐王、魯王は明王室の疎族とは言っても太祖の子孫であるには違いないのに対し、靖江王亨嘉の場合は、太祖の兄の子孫にすぎない傍系である点が違っている。

明の一族が各地に自立する形勢を見て、唐王は福州において帝位に即き、隆武と改元した。先に南京の福王から広西巡撫として派遣された瞿式耜《くしきし》は当時赴任の途上にあったが、今や福建に自立した唐王からその陣営に参加することを要求されたが、彼は考える所があって拒絶した。唐王はその系図を尋ねると、崇禎帝、または福王に比較して前々代、すなわち祖父に相当する世代の人であった。中国の相続法では、下位の世代の人が上位を相続するのが常道であり、已むを得なければ、同じ世代間までの相続は承認するが、上位世代の人が相続人となることは逆縁として忌むのである。

然るに広西で自立した靖江王亨嘉もまた、瞿式耜に向って帰服を求め、その拒絶にあい、式耜を捕えて幽閉した。式耜は已むを得ず、ひそかに使を唐王の許に送って帰順を誓い、救助を求めた。亨嘉は明の傍系にすぎぬから相続権はなく、それに従うくらいならば、たとえ世代は逆であっても、明の太祖の子孫である唐王を擁立すべきだと考えたのである。唐王は大いに喜んで総督丁魁楚《ていかいそ》に命じて亨嘉を攻めさせ、亨嘉は孤立して進退に窮し、瞿式耜を釈放して和を求めたが、瞿式耜は諸将を語らって亨嘉を捕えてこれを殺した(5)。靖江王亨嘉は明の傍系にすぎぬという理由により、その自立したことは謀叛と認められて断罪されたわけである。既に亨嘉が謀叛人であれば、その一族は当然手がまわってお尋ね者とならねばならない。石濤は幸いにして宦官の手によって匿まわれて難を脱したという伝えは、案外真実を物語っているのかも知れぬ。併しこのようにして靖江王一家を迫害した唐王は、やがて清朝に追いつめられて広東省汀州で捕虜となり、瞿式耜も清軍と戦って戦死する。

ここで石濤の生年が問題となる。それは同時に彼が悲劇的に父を失ったのが、何歳の時であったかの問題である。彼の生年については従来数説あり、最も早いのは崇禎三年（一六三〇）とし、最も遅いのは崇禎十四年（一六四一）とする。その何れも画の題跋の干支などから推算したものにすぎず、決定的な決め手をもたぬから、議論がいつまでも落着しないのである。各人は自分が最も重きをおく史料を持出し、それに都合よく説明が出来るように、或いはなるべく早い年代を、或いは遅い年代を採ろうとする。

なるべく早く崇禎三年に置こうとする立場は、石濤と銭謙益との関係を重視するのが一つの理由である。銭謙益は明末から既に政界、学界の大立者として知られ、東林派の残党であり、明滅亡後は清朝に仕えた。この銭謙益は順治八年辛卯の年（一六五一）、廬山から友人の紹介状を持って来た石濤上人に会い、その帰るに際して詩十四首を作って贈り、併せて友人に対する伝言を託しているのである。[6]時に銭謙益は年六十九歳、故郷の蘇州府下常熟に隠居している身分である。もし石濤が崇禎十四年の生れであるとすると、この時年僅かに十一歳。そんな小僧を銭謙益ともあろう大家が、石濤上人と称えて尊敬し、自分の詩を贈ることを、弟謙益謹上、など言う筈はない。そこでもし崇禎三年の生れとすれば、既に二十二歳ともなっているから、何とか説明がつくというのである。

併し石濤を当時二十二歳としても、六十九歳の銭謙益とは矢張り釣合いがとれない。この石濤上人と、画家石濤とは全く別人ではないかという推測も前から行われていたが、これにも決め手がなく、何でも書いたものを重んずる中国の学界には通用しかねていた。然るにごく最近、この別人の石濤の身許が分ったのである。浩瀚な書籍の山を渉猟して、目ざす史料を入手することは、流石に中国人学者のお手のものだと感嘆せざるを得ない。[7]

銭謙益に会った石濤上人とは、実は廬山開先寺の住持、石濤弘鎧《こうがい》なる者であり、雪嶠円信の弟子であり、兄弟子の曹源弘金の後を承けて法席を嗣いだことから見ても、画僧石濤の師承とは全く異なる。(8) さるにてもこの新発見の史料の出処が、『廬山続志』であり、『同治南康府志』であることを知って再び驚かされる。何れもありふれた書物であり、しかも事、廬山に関する以上は是非翻閲せねばならぬ本であった。併し従来は画僧石濤が若し廬山に留っていたことがあっても、それは旅先きのことでしかないという先入観があって、本気に廬山関係の史料を渉猟する努力を怠ってきた。自他ともに怠慢であり、前人の捜羅した史料だけに頼って不毛の議論を繰返したわけで、学界の通弊として深く心せねばならぬ教訓を得たと言うべきであろう。

もし石濤の生年を成るべく早きに繰上げねばならぬ必要が解消したとすると、彼の誕生は崇禎の末期、恐らく十四年とする説がよいのではないかと思う。普通の場合ならば、一芸術家の年齢を十年ほど繰上げようが繰下げようが大勢にはあまり関係がない。ところが石濤の場合はこの十年が大切なのである。もし石濤が崇禎三年生れとすれば、父を失った悲劇の年には既に十六歳の少年になっている。明の王家の一人として優雅な生活をその間に十分に享受し得たのである。併し崇禎十四年生れとすれば、彼はまだ五歳、それも数え年であるから、物のあやめも分たぬ幼児であり、物心がついた頃には世の中はすっかり変って清朝の覇権が確立しており、初めからよるべなき孤児として人生を歩み出さなければならなかったことになる。この二つの場合において、その人生観は大きく異ってこなければならない。しかもその差異の実質は現時の日本における戦前派と戦後派との間の開きどころではあるまい。そして彼のその後の生活態度などから推察すると、彼はむしろ戦後派とも言うべく、自己が前代明王朝の一族として暮した栄耀の生活などというものについての記憶は全然持たなかったらしいのである。

世人はともすれば概念的に、石濤を以て前明王室の一族と規定し、更に概念的に石濤に対して、清朝を以て不倶戴天の仇と見、烈しい攘夷思想を抱いて憎悪するのを予期する。これは当時においてばかりではない。日本では大正、中国では民国以後になっても、石濤を以て民族主義者、抗清復明を唱えた抵抗画家に仕立てあげようとする動きがある。もしそれが本当であったなら甚だ勇ましい話であるが、併しそれは決して石濤の本意ではなかった。

石濤の前明の王室、及び新来の清朝天子に対する感情は、観念的にきっぱりと割切れるような単純なものではなかった。彼の父は明の興復を旗幟に掲げて自立したために、本家筋から叛逆者の扱いを受けて誅戮された。内ゲバと言うには余りに惨い仕打であった。その内ゲバの相手を討平げたのが清朝である。とすれば、明とはいったい自分にとって何であったのか。それは必ずしも生命を賭けて興復するに値いするような代物でないことは確かである。その明に替って天下を統一し、中国人民の支配者となった清朝とはいったい何であるか。もしその政治が堪えられるものならば、これも別に生命を賭して反抗するにも当らぬ対象ではないか。世人は石濤を以て明の後裔と規定する。併し石濤自身には明代の記憶が全然残っていないのである。他人によって人生を規制されるのでなく、独立した個人の尊厳を自覚する所に真の生き方がある。

石濤と同時、明の王室の後裔である画家に、八大山人があった。本名は朱耷《しゅとう》、又は由桜《ゆうすい》、太祖の子が封ぜられた寧王家の出であるから、この方はずっと本流に近い。且つ明滅亡の折には既に二十歳の青年であったので、前明時代の上流社会の貴族生活も十分に経験ずみである。従ってその人生観は大いに石濤と異ってこなければならぬ筈である。

八大山人は清朝に対する抵抗画家として受取られている。その八大という名を署するとき、二字が合わさって哭の字に見えた。これは亡国の恨みを託したのだ。彼は韜晦して癲狂人として世を渡った。時には自ら驢と名乗り、時には殊更に啞を装って塵間人との応酬を避けた。画ができれば酒に換え、酒に酔えば哭し、哭して飽けば笑って止めなかった。そして世人は八大のこのような動作の中に、清朝に対し、この世に対しての抵抗を読みとって満足したのである。

併し石濤は世人のこのような期待に応えようとしなかった。何も清朝に対して特に憎悪を抱く理由はないのだ。もし心底から抵抗精神が沸き上るのでなければ、何も世人に同調して抵抗姿勢をとる必要はないではないか。もしわざとそんなことをすれば、反ってその方がおかしいのだ。

世人のいわれなき観念的な期待を、自己が裏切った理由を説明するためか、石濤は一箇の印を彫って落款に用いた。于今為庶為清門、今において庶となり、清門たり、というのがそれである。これは唐の杜甫の詩に、当時の画家曹覇のことを述べ、曹覇は三国魏の武帝曹操の子孫であるが、時勢のすっかり変った唐代においては、他と変らぬ庶民となったが、ただ風流の伝統だけは失わずに名家として残っている、という意味で、この一句七字を詩の中に挿んでいるのである。

石濤の心事は正にこの詩である。自分の祖先が明の王室の一族だったと言っても、それは自分の与り知らぬ、記憶にもない昔のことだ。記憶にない昔のことは何十年前であるのと何百年前であるのと、自分には等価値である。自分は他の多数の国民と全く同じ庶民の身分で出発した。ただ違っている所が多少ありとすれば、それは幸いにも教育を受けられる境遇にあって、画をかき詩を作る名家の伝統を持ち続けることができたことだ。正に、今において庶となり、清門たり、である。

このように観察することによって、石濤が康熙二十三年（一六八四）と、同二十八年（一六八九）の二回に亙って、康熙帝の南巡に際して、南京と揚州で謁見し、特に二度目の際には天子のために「海晏河清図」を描き、太平を謳歌し、帝徳を讃えた彼の心事が、苦もなく理解される。これが彼にとって最も自然な行動であり、また何人からもその自由を束縛される理由がなかったのだ。

思わず記述が先走って、石濤の壮年時代に及んだが、実はその前にもう少し彼の生い立ちについて検討を加えるべきであった。ところがこの点についても確かなことは一切分らない。ただ僅かな手掛りに頼って推測を試みる外はないのである。

父に連座する難を免れた石濤は、そのまま広西省桂林の民間で、同族もしくは知人の手で養育され、応分の教育を受けることが出来たらしい。彼が清湘老人と号する所以となった湘水は桂林を経て湖南省に流れこむ大河であり、嘗て清湘なる県がおかれたこともある。恐らく石濤にとって最も忘れ難い記憶を育んだ風物であろう。十四歳から蘭を描くことを習ったと自ら言っているが、これから知らず知らず画の道に深入りし、やがて広西という僻地には珍しい描き手としての名声が高まったものと思われる。

石濤が何時出家したかも分らない。併し恐らくそれは彼が広西を去って、江湖に放浪者のような生活を始めたことと関連するものであったであろう。しかもそれは普通に考えられるように、清朝に対する抵抗の意味でなく、むしろ放浪生活に最も便宜を得やすい手段としてであったと思われる。行脚僧ならば何処へ行っても泊めてくれる寺院があり、簡易生活を厭わぬならば、餬口の資はいくらも得られる望みがある。もちろん既に僧形の比丘となった以上は、定められた戒律を遵守せねばならなかったことは言うまでもないが、ただ酒戒だけは大目に見られたと思われる。

私の個人的な見解によれば、中国社会には明末頃から急に経済文化に関する情報量の増大が見られた。民間に情報の蒐集、伝達の機関が成立し、信書印刷物の逓送が盛大になり、これに従って人物の往来も容易になった。そこで徐霞客のように国内の名山大川を隈なく探し求めて巡歴することも可能になる。この大旅行家は恰も石濤の生れた前後に世を去っている。

康熙の初年（一六六二）、石濤は南京に出て旅菴本月禅師を師としたが、この禅師は康熙帝の父、順治帝の帰依を得ていたといわれる。その後、宣城に移り、ここで十年程を過したが、その間に近くの黄山に遊び、いたくその風景に魅せられた。以後屢々この山を訪ね、多くの写生画を残している。

康熙二十六年に彼は揚州に移ったが、これ以後彼は、北京滞在の数年を除き、概ね揚州を本拠と定めて生活したらしい。その理由は彼はこの頃から本職の画家となり、売絵生活を始めたが、この商売には揚州が当時最も暮し易かった為である。揚州は中国における食塩の最大の生産地であり、当時一流の資本家である塩商を初めとし、商工業者、運送業者、労働者の群集する町であり、新興の気運が漲っており、近くに位置する名都蘇州を凌ごうとする勢にあった。そして此処に住む新興ブルジョワは手軽に求められる、同じ新興画家連の作品を歓迎したのであった。石濤は今やそのグループに加わったわけである。

当時中国の画壇には、蘇州を中心とする正統派、いわゆる呉派の巨匠たちが君臨していた。その中心が即ち四王呉惲《ごうん》であり、何れも毛並みといい、教養といい、才能といい、申し分のない人たちであった。最年長の王時敏は明代の宰相、王錫爵《おうせきしゃく》の孫で、そのまた孫が王原祁《おうげんき》である。王鑑は明代の大儒、王世貞の曾孫、もう一人の王翬《おうき》は王鑑の門人である。呉歴は王時敏の門人、惲寿平《うんじゅへい》は王翬の親友とあるから、畢竟以上の四王呉惲は凡て同じサロンのメンバーと言うことができる。そしてこのサロンは明末の董其昌のそれを継承したものであった。

董其昌が南画の理論を大成してから、これが一種の伝統として定着した。簡単に言えば画業とは古人の筆意に達することである。特に元末の四大家が究竟の理想であって、その筆意に熟達して自家薬籠中の物とし、更に遡って唐宋古人の画法を会得した上で自己の創作を編み出す力量を具えなければならぬ。呉派の背後には数百年の中国画壇の経過から摂取した精髄の蓄積があり、これを守るに董其昌の集大成した新理論で武装されている。だから彼等の画はどこから突つかれても破綻を示さない堅固な構築があるのだ。だが併し、一枚一枚の画をとってみればそこに万有を具えた小宇宙があるのだが、その画を多く集めて列べた時、そこに類型の重複が目立ち、陳腐さを感じさせぬだろうか。所詮彼等の教養は茶の湯的な教養であり、その美感は活け花的美感なのである。そこには運動場におけるスポーツのような軽快さ、野外に咲きみだれる草花のような素朴さがない。それはいわば古人の目のフィルターを通して自然を見た必然の結果である。

これに反して石濤は何よりも先ず自然を自己の目で見た。その感動を筆に現わしたのが彼の画であった。彼の掲げた旗幟に従えば、[9]

夫れ画なる者は、心に従う者也。＝画というものは感興から発したものだ。

これを董其昌の学画の説法と比較してみよう。

平遠を画くには趙大年を師とし、重山畳嶂には江貫道を師とし、皴《しゅん》法は董源の麻披皴及び瀟湘《しょうしょう》図の点子皴を用い、樹は北苑子昂二家の法を用い、石は大李将軍の秋江待渡図、及び郭忠恕《かくちゅうじょ》の雪景を用う。李成の画法には小幅の水墨及び著色の青緑あり、倶に宜しく之を宗とすべし。其を集めて大成し、自ら機軸を出せ。再四五年にして、文（徴明）沈（周）二君も、吾が呉を独歩する能わざらん。[10]

併しこのような古人の筆意を学ぶためには是非とも古人の真蹟に接する機会がなければならぬ。それは貴族的なサロンの同人だけに可能なことで、彼等はいわば閉された社会に立籠っている特権画家たちなのである。

こういう大家の画は市場には現われない。その画は売品ではないからだ。併し実際には売買されるのだが、潤筆料という形式で裏口からひそかに取引される。買手は多く公卿雲客である。もちろんその潤筆料は滅法高い。併しこのような商売の仕方は宏壮な邸宅に住み、門戸を盛大に拡げ、紀綱の僕と称する会計専門の大番頭を抱えていてこそ可能である。

背景をもたぬ新興画家石濤らの場合は、恐らく時には自ら売買に当り、それだけ庶民の顧客からは買い易い利点があったであろう。するとそこに必然的に起るのは、売り絵画家という陰口である。それは恰も今日のパリはテルトル広場に群がるモンマルトル画家たちのようなものである。凡ての画はその場で即金で入手できる。そこで売り絵画家として差別されるのであるが、併し考えてみれば、画家の描く画で売絵でないものがあるだろうか。ただ売り方の違いだけのことではないか。

芸術家も人間である。人間であるからには生活の資を必要とする。単に肉体を養うばかりではない。再生産に必要な教養や、旅行や、更にはリクリエーションの資が必要である。もう一つ言いかえればそれは金である。その金を得るために作品と交換するのは当然すぎるほど当然の行為である。併し伝統的な貴族主義の目から見ればこのようなドライな取引は堕落と映ったかも知れぬ。それが単なる画工、ペンキ塗りならば許される。詩人であり、書家でもある知識人の行為としては不似合いだ、というような声が盛んに囁かれたことであろう。石濤のある伝記には、

誇言耳に盈《み》つると雖も、顧みるなきなり。＝どんなに悪口が聞えて来ようと、少しも意に介しなかった(11)。

とあるのは、恐らくこんな場合のことであったであろう。極めて当り前のことを当り前にやってのけると、世人の物議を醸す。これは先駆者に免れ難い運命なのである。

石濤の次の時代を代表する揚州八怪の中でも鄭板橋《ていはんきょう》（一六九三―一七六五）は最も石濤を尊敬した。その画の売り方も石濤を真似したのであろうが、更に一歩進んで、定価表を提示した。大幅は六両、中幅は四両、小幅は二両、礼物や食物よりは白銀の方が好きです、など(12)。

画を売ることは決して恥かしいことではない。モヂリアーニがそのデッサンを一枚五フランでカフェーを売り歩いても、彼の真価に関係ないことだ。もしそれが今残っていたら、何万フランにもなるかも知れない。画を売って生活できる所にこそ、芸術家の独立がある。併し最初にそれを実行するには余程の覚悟がいった筈である。

併しながら画を売って世に立つ職業画家となる覚悟をきめると、今度はそこに別の問題が発生する。その画は果して売るに値いする画であるか、という問題である。もちろん顧客は承知して金を払って買って行くのだから、法律上の問題ではないが、作者が芸術家として社会的役割を受持つことになった新しい職業人としての立場からは、その商品は価格相応の真価を持っているという自信がなければならぬ。併しこういう場合、凡ての芸術家がその作品を、どこにも欠陥のない優良商品だと言いきれるであろうか。もしも百パーセント自信をもったものだけを売るとしたならば、大ていの画家は餓死せねばならぬのではあるまいか。もちろん同じことは文章を売る立場についても言えるであろう。

ところで石濤の画は、現今知られているものだけで凡そ六百点を数え、いささか濫作の感があり、実際に粗末な駄作も見出されるという。併しこれもその事に関する限りは別に咎むべき所がない。如何なる芸術家も、常に傑作ばかりを創作し出すことは不可能である。概して言えば駄作の方が多いのではあるまいか。駄作が広い裾野をなしていてこそ、頂上に傑作が聳えることが出来るとも言える。故に駄作は別に芸術家の価値に関係するものではない。ただそれが如何様にして他人の手に伝わったかが問題なだけだが、石濤の場合は今日からそれを知ることは不可能である。

　併し職業としての画家の場合、実際問題として考慮せねばならぬ事情もありそうである。今日でも展覧会用、永久保存用、田舎廻り用と色々に使い分けることは、或る程度已むを得ない。具眼の士に対しては良心的作品を、単に絵具と落款とだけを求める傖父《そうふ》には、ついなおざりな出来合いですますのは、免れることができない。更にそれが後で何人の手に渡るかまでは責任外のことであろう。但しそれが立派な取引きだと言っているのではない。

　同様に関連してくる次の問題がある。芸術家として優秀な作品を生むことが使命となった以上、そのためにはどんな行為をしてもよいかと言うことである。芸術の制作には資金を必要とし、余暇を必要とし、眼福を必要とする。そのためには有力なパトロン、豊富な金脈を擁するに如くはない。併しそれは屢々作者の品性を堕落させる危険を生ずる。そこで世人は多く芸術家に廉潔清貧を要求する。ある場合にはそれは苛酷な期待となる。芸術家に言わせれば、芸術家の人格なる者は芸術そのものの中にある、それ以外の人格者の画が欲しければ、孔子様に描いて貰え、と言いたいであろうが、一般世人はとかくその人の行為によって人格なるものを想定し、その人格によってその芸術を品隲しようとする。乃木将軍の書は貫名海屋《ぬきなかいおく》のそれよりも品格が高いという扱い方も行われがちである。

石濤の場合、彼は揚州に今を時めく塩商のサロンに出入した形迹はない。併し満洲人の大官博爾都に接近し、更に恐らくその推薦によって康熙帝に謁見したことなどは、恐らく世人の非議を招く十分な理由となり得たであろう。併し石濤がもしこれを生活に必要、従って芸術のために必要と言えば、利害関係をもたぬ第三者が容喙すべき筋合いではない。恐らくこのような非難に対抗するために、彼は自ら瞎尊者という別号を選んだのであろう。ある人がその理由を尋ねると彼は、

愚僧の目は銭を見せられると、てんで盲になりますのじゃ。世間のお方さまのように、はっきり物が見えませんでのう。(13)

と答えた。半ば自嘲的な皮肉であるが、あまりにも理解のない世人に対してはこのように答えるより外なかったのであろう。これは同時にいわゆる駄作を世に流した事実に対する弁明にもなっていると思われる。更に私がこの上に注釈を加えるならば、傑作を残した程の画家ならば、その駄作にも利用価値があるに違いない、それはその傑作を理解するための鍵にならぬとも限らぬからである、と。

石濤はその生年が分らぬ以上に、歿年もまた不明で手掛りがない。大体十八世紀の始め頃であると想像される。

通観すると彼の創作態度、芸術理論ないしは生活の信念は時流に先んじて遥か前方を歩んでいたと言える。それが当時にあってはさまで世上に歓迎されず、三百年程後の今日になって、ようやくその真価が認識されるに至った所以であろう。

彼は嘗て睡牛の図を描き、

牛睡る、我睡らず、我睡る、牛睡らず。

と題した。最初の睡る牛は世人に譬えたらしい。併しそれだけだと世人が馬鹿にされたと怒るかも知れぬから、次に我と牛とを入れ換えた。実は今度睡らぬ牛と言って実際に画に描いた方が自分のつもりだったのであろう。石濤は睡りこけた世人の知らぬ間に、のそりのそりと数十里も歩き続けていた大きな牛であったのだ。

注

（1）　四王呉惲とは、王時敏・字烟客（一五九二―一六八〇）、王鑑・字円照（一五九八―一六七七）、王翬・字石谷（一六三二―一七一七）、王原祁・字麓台（一六四二―一七一五）、呉歴・字漁山（一六三二―一七一八）、惲寿平・字南田（一六三三―九〇）。

（2）揚州八怪は何れも揚州を中心に活動した個性的な画家。金農、黄慎、李鱓、汪士慎、高翔、鄭燮、李方膺、羅聘の八人。或いは華嵒、高鳳翰を以て前者の何れかと入れ替える。その活動は十八世紀である。
（3）青木正児「石濤の画と画論と」（『支那学』第一巻第八号、大正十年。後に『支那文芸論藪』に収録）。橋本関雪『石濤』、大正十五年。
（4）靖江王家の歴史は『明史』巻一〇二諸王世表三、巻一一八諸王伝三。その命名法は巻一〇〇諸王世表一の序の注を見よ。
（5）『明史』巻二八〇瞿式耜伝には単に彼が靖江王亨嘉を執えたと記すのみ。諸王伝には亨嘉が瞿に殺されたと書し、諸王表は亨嘉が殺された後、瞿が唐王に捷を奏したと読める。私がこの説を採り、亨嘉が福州の唐王の許に送られて殺された説を採らぬのは、「正史」を特に尊重したためでない。当時の状態として不自然だからである。どうも忠臣瞿式耜を回護したように思われる。
（6）銭謙益『牧斎有学集』巻四、石濤上人自廬山、致蕭伯玉書、於其帰也、漫書送之。（末尾云、辛卯三月、蒙叟弟謙益謹上）。
（7）葉葉、蕭士瑋・閔麟嗣贈石濤上人詩考（『大陸雑誌』第五十巻第二期、一九七五年二月）。
（8）石濤の法系は、木陳道忞―旅菴本月―（石濤）道済。
（9）石濤『苦瓜和尚画語録』。
（10）董其昌『画禅室随筆』巻二、画訣。
（11）陳鼎『留渓外伝』巻十八、瞎尊者伝。
（12）『清朝野史大観』巻十、鄭板橋筆榜。

（13）前出、瞎尊者伝。

〔近時の石濤研究〕

古原宏伸、石濤略伝（石濤『黄山八勝画冊』解説）。

米沢嘉圃、石濤廬山図以下解説（朝日新聞社『東洋美術』第二巻）。

初出一覧

Ⅰ　大帝と名君

秦の始皇帝
『世界伝記大事典　日本・朝鮮・中国編』3　ほるぷ出版　一九七八年七月
漢の武帝
『世界伝記大事典　日本・朝鮮・中国編』4　ほるぷ出版　一九七八年七月
隋の煬帝
『世界伝記大事典　日本・朝鮮・中国編』5　ほるぷ出版　一九七八年七月
清の康熙帝
『月刊百科』第一三三号、一九七三年九月「いち枚の肖像・その虚と実」欄
清の雍正帝
『世界伝記大事典　日本・朝鮮・中国編』5　ほるぷ出版　一九七八年七月

Ⅱ　乱世の宰相

李　斯
『世界伝記大事典　日本・朝鮮・中国編』5　ほるぷ出版　一九七八年七月

馮道と汪兆銘
『東亜時論』第二巻第二号、一九六〇年二月
南宋末の宰相賈似道
『東洋史研究』第六巻第三号、一九四一年五月

Ⅲ　資本家と地方官

五代史上の軍閥資本家――特に晋陽李氏の場合
『人文科学』第二巻第四号、一九四八年七月。附注は一九六二年七月補筆
宋江は二人いたか
『東方学』第三十四輯、一九六七年六月
藍鼎元（鹿洲公案　発端）
『鹿洲公案』（東洋文庫92　一九六七年六月）より

Ⅳ　儒家と文人

孔　子
『世界伝記大事典　日本・朝鮮・中国編』２　ほるぷ出版　一九七八年七月
朱子とその書
『書道全集』第十六巻、中国・宋Ⅱ、平凡社、一九五五年八月
張溥とその時代――明末における一郷紳の生涯

『東洋史研究』第三十三巻第三号、一九七四年十二月

石濤小伝

『文人畫粋編』第八巻「石濤」、一九七六年十月

解説

礪波　護

東洋史家の宮崎市定（一九〇一―九五）は、満九十歳を期して『宮崎市定全集』全二十四巻、のちに別巻一を追加して二十五冊を岩波書店から刊行した。全集には通例に従って、辞典ないし事典に執筆された文章は含まれなかった。しかし私は、それらの文章の中には、宮崎の学風を考える際に捨て難いものがあり、とりわけ、ほるぷ出版から一九七八年に刊行の『世界伝記大事典　日本・朝鮮・中国編』全5巻に収録の「孔子」「始皇帝」「武帝（漢）」「煬帝」「雍正帝」「李斯」の六人の項目は、かなりの長文で、『雍正帝』や『隋の煬帝』、あるいは学術論文の「東洋史上に於ける孔子の位置」や「史記李斯列伝を読む」などの論考で展開された議論を自ら要約した観があり、機会があれば、簡便なかたちで是非紹介したい、と考えてきた。

この『世界伝記大事典』は、編集委員長が桑原武夫で、八名の編集委員は全て京都大学人文科学研究所のＯＢと現役の教官という陣容で編集されたもので、同僚の私も「則天武后」「馮道」「柳宗元」の三項目を執筆した。発売時点で作成された内容見本に、「いま、鮮やかによみがえる歴史的人物の生涯。その時代的背景、人間模様を克明に描いた初の伝記事典」「収録人物ひとり平均四、〇〇〇字におよぶ記述」と書かれていた。第一回配本として〈日本・朝鮮・中国編〉全5巻・索引付が刊行され、〈世界編・総索引〉は第二回配本と予告されていた。今回、機が熟し、『隋の煬帝』『雍正帝』の文庫版が含まれている中公文庫に、これら宮崎執筆の六篇を網羅した評伝集『中国史の名君と宰相』を編集することになり、嬉しいことである。

ある国のある時代の歴史を研究する際に、その時代の国家社会全般の動静に関心をもつ者と、その時代に生きた人物の生涯に関心をもつ者に大別される。宮崎市定は、古代都市国家論や科挙・九品官人法などの官吏登用制度の研究、あるいは社会経済史の分野における宋代近世説の補強などで優れた業績を挙げたので、前者の研究者と目されがちであるが、京都大学の卒業論文の題目が、「南宋末の宰相賈似道《かじどう》」であったこと、代表作の一つが『雍正帝』であり、七十歳代半ばに明代の文人である張溥《ちょうふ》と石濤《せきとう》の評伝作成に熱中した経歴から分かるように、後者の人物史にも生涯に亙って関心を持ち続けた研究者なのであった。

長短十四篇の文章を集録する本書『中国史の名君と宰相』は、〈Ⅰ　大帝と名君〉〈Ⅱ　乱世の宰相〉〈Ⅲ　資本家と地方官〉〈Ⅳ　儒家と文人〉の四部に分属させ、それぞれ人物の生まれた時代順に配列した。これら書名と各部名のうち、宰相などの術語については、更めて説明する必要はなかろうから、ここでは「名君」についてのみ述べておきたい。

名君とは秀れた君主のことであるが、宮崎の名君論を語る際、私には忘れ難い学会風景がある。一九六六年十一月三日に京都大学の法経教室で開かれた東洋史談話会の大会で、東京大学東洋文化研究所の石田米子は、太平天国の歴史的位置づけに関する報告を行ない、翌春『東洋文化研究所紀要』第四十三冊に「太平天国の歴史的位置づけに関する諸問題」と題する論文を掲載した。まず、日本に於ける太平天国研究の現状について、対象への接近の姿勢・叙述のスタイルから見るならば、三つの流れがあるとする。第一は研究対象である中国ないしはそこに生活する人々に対し、いかなる意味に於ても愛着を持たぬ研究の流れで、方法としては実証主義であり、東洋史学界の中では最も信用があり、権威がある。その典型として和田清と市古宙三がいる。第二は中国の旧体制を非常に愛好する研究の流れで、この流れの代表的な研究者は、一九六五年に「太平天国の性質について」を発表した宮崎である。第三は中国の旧体制をいかなる意味に於ても愛好せず、民衆の解放への努力のあとを謙虚に、または心からの共感をもってほりおこそうとする研究の流れで、この流れをきりひらいたのが、野原四郎と増井経夫であり、小島晋治がこれにつづく、と述べた。

そして石田は、特に宮崎の研究における対象への接近の姿勢、叙述のスタイルの特徴には極めて興味深いものがある、として一九五〇年刊の岩波新書『雍正帝』(没後の翌年に同名の増補版が中公文庫に収録された) を取上げ、

歴史的制約による雍正帝の「悲劇」を実に美しく描き出されるのである。雍正帝の理想には実は宮崎氏の理想が投影されている。宮崎氏には王朝支配体制の理想像があり、それを整然と描き出すことに美を見出されているようである。ある歴史的制約の中で、この「理想」のために苦闘した支配者、たとえば雍正帝のような「名君」に美徳を見出し、その心情に深い共感をもつ。だから、宮崎氏の書かれたものは、読む人に興味を持たせ、また、自分たちと別世界のことがらの説明としては、極めて説得性をもつ。(中略) この点が、第一の流れに属する研究と非常に異なるところである。

と述べた。石田の報告が終わるや、教室の最後部から宮崎が立ち上がり、名乗った上で、感想を述べた。石田論文の注記を引用して再現しておきたい。

宮崎市定氏は、私との立場の相違を確認された上で、私の行なった報告に対し、氏が旧体制を愛好しているというのは誤解であること、太平天国に対しても旧体制に対すると同様に冷静に学問的評価しているのであり、私の述べる通りひややかな評価をしていること、その意味では、宮崎氏の研究は、第一の流れに属するものであると考えること、などの見解を明らかにされ、さらに、氏の「名君」論、及び近世史論と太平天国研究の関係について述べられた。

書誌的な事項について触れておく。〈Ⅲ　資本家と地方官〉に入れた「藍鼎元〈鹿洲公案　発端〉」は、平凡社〈東洋文庫〉92の藍鼎元著・宮崎市定訳『鹿洲公案』の巻頭に冠せられた「鹿洲公案　発端—実際にあってもいい話—」の部分を取り出したもので、原書では翻訳部分の「鹿洲公案—実際にあった話—」に対応した。本書末の〈Ⅳ　儒家と文人〉の「石濤小伝」は中央公論社『文人畫粋編』第八巻「石濤」の巻頭に書かれた「瞎尊者《かつそんじゃ》小伝」の表題を変更した。瞎尊者は石濤の別号である。

宮崎は、八十歳代の後半以降、司馬遷の人物論の集大成たる『史記』列伝七十巻の全訳を開始した。しかし、間もなく全集の出版、各巻の巻末に小論文なみの自跋を執筆するなどのため、巻十八・春信君列伝までの現代語訳が遺稿として残された。それらの新訳を本体にし、史記関連の論文を集録した『史記列伝抄』を今春、私の編集で国書刊行会から出版した。その装丁をされたのが間村俊一氏。そこで、本書のカバーの装丁も同氏に依頼したのである。前者では山東省の武氏祠の、三層からなる画像石の拓本を使った。第二層に荊軻《けいか》が秦王を刺す場面が刻されている。今回は、一八五二（嘉永五）年に官板書籍発行所から翻刻された官版『帝鑑図説』巻五の、始皇帝が李斯の上奏を受けて実行した「坑儒焚書《こうじゅふんしょ》（儒を坑《あな》めし、書を焚《や》く）」の場面をアレンジしていただいた。「坑儒焚書」は一般に「焚書坑儒」と呼ばれている。官版とは、江戸時代に湯島の昌平坂学問所が書店に託して板行した書籍。『帝鑑図説』は、十六世紀末に明の宰相張居正《ちょうきょせい》と呂調正《りょちょうせい》によって著された図説中国史である。

二〇一一年九月二十八日

（となみ・まもる　京都大学名誉教授）

本書には、現在の歴史・人権意識に照らして不適切と思われる表現がありますが、執筆当時の時代背景や、歴史的資料としての価値、および著者がすでに他界していることなどに鑑み、原文のままとしました。

中公文庫

中国史《ちゅうごくし》の名君《めいくん》と宰相《さいしょう》

2011年11月25日　初版発行
2020年6月25日　3刷発行

著　者　宮崎《みやざき》市定《いちさだ》
編　者　礪波《となみ》護《まもる》
発行者　松田陽三
発行所　中央公論新社
〒100-8152　東京都千代田区大手町1-7-1
電話　販売 03-5299-1730　編集 03-5299-1890
URL http://www.chuko.co.jp/

DTP　平面惑星
印　刷　三晃印刷
製　本　小泉製本

Published by CHUOKORON-SHINSHA, INC.
Printed in Japan　ISBN978-4-12-205570-4 C1122

定価はカバーに表示してあります。落丁本・乱丁本はお手数ですが小社販売部宛お送り下さい。送料小社負担にてお取り替えいたします。

各書目の下段の数字はISBNコードです。978-4-12が省略してあります。

中公文庫既刊より

S-16-1
中国文明の歴史1　中国文化の成立
水野清一責任編集
北京原人が出現した太古の時代から中国文化の原型が成立した殷・周までの時代を、考古学の最新成果を駆使して描く大いなるドラマ。〈解説〉岡村秀典
203776-2

S-16-2
中国文明の歴史2　春秋戦国
貝塚茂樹責任編集
周王朝の崩壊とともに中国古代社会の秩序は崩れ、世は実力主義の時代となる。諸国の君主は虎視眈々と機会を窺い富国強兵策に狂奔する。〈解説〉松井嘉徳
203621-5

S-16-3
中国文明の歴史3　秦漢帝国
日比野丈夫責任編集
法律と謀略と武力のかたまりだった秦は、わずか十余年で亡ぶが、受けつぐ漢は、前後四世紀にわたる安定した王朝となる。〈解説〉冨谷　至
203638-3

S-16-4
中国文明の歴史4　分裂の時代　魏晋南北朝
森　鹿三責任編集
北方民族と漢族の対立抗争で、三国時代・五胡十六国・南北朝と政権は四分五裂。一方、仏教が西方から招来、ヒミコの使者が洛陽訪問。〈解説〉氣賀澤保規
203655-0

S-16-5
中国文明の歴史5　隋唐世界帝国
外山軍治責任編集
分裂を隋が統一し唐が世界帝国の建設を受けつぐ。東西の交流が行われ東アジア文化圏が成立。日本は律令制により国家体制を整備。〈解説〉愛宕　元
203672-7

S-16-6
中国文明の歴史6　宋の新文化
佐伯　富責任編集
庶民の力を結集し宋代の新文化は日本にも刺激を与えて鎌倉新文化を出現。それは西アジア、欧州ルネサンス文化の成立にも影響。〈解説〉島居一康
203687-1

S-16-7
中国文明の歴史7　大モンゴル帝国
田村実造責任編集
モンゴルを統一し、世界征覇の野望のもとに、空前絶後の世界帝国を築いたチンギス・カン。恐るべきエネルギーで欧亜を席捲。〈解説〉杉山正明
203704-5

各書目の下段の数字はISBNコードです。978－4－12が省略してあります。

み-22-22
水滸伝 虚構のなかの史実
宮崎市定

史書に散見する宋江と三十六人の仲間たちの反乱は、いかにして一〇八人の豪傑が活躍する痛快無比な伝奇小説『水滸伝』となったのか？〈解説〉礪波 護

206389-1

み-22-23
アジア史概説
宮崎市定

漢文明、イスラム・ペルシア文明、サンスクリット文明、日本文明等が競い合い、補いながら発展してきたアジアの歴史を活写した名著。〈解説〉礪波 護

206603-8

み-22-24
大唐帝国 中国の中世
宮崎市定

統一国家として東アジア諸民族の政治と文化の根幹を築いた唐王朝。史上稀にみる中国の中世、大唐帝国を中心にした興亡史七百年を詳述する。〈解説〉礪波 護

206632-8

ち-3-18
諸葛孔明（上）
陳 舜臣

後漢衰微後の群雄争覇の乱世に一人の青年が時を待っていた……。透徹した史眼、雄渾の筆致が捉えた孔明の新しい魅力と「三国志」の壮大な世界。

202035-1

ち-3-19
諸葛孔明（下）
陳 舜臣

関羽、張飛が非業の死を遂げ、主君劉備も逝き、蜀の危急存亡のとき、丞相孔明は魏の統一を阻止するため軍を率い、五丈原に陣を布く。〈解説〉稲畑耕一郎

202051-1

ち-3-20
中国傑物伝
陳 舜臣

詩才溢れる三国志の英雄曹操、宦官にして大航海の偉業を達成した明の鄭和……。中国史に強烈な個性の光芒を放つ十六人の生の軌跡。〈解説〉井波律子

202130-3

ち-3-26
鄭成功 旋風に告げよ（上）
陳 舜臣

福建の海商の頭目鄭芝竜を父に、日本女性を母にしてうまれた鄭成功。唐王隆武帝を奉じて父とともに反清勢力を率いることになった若き英雄の運命は。

203436-5

ち-3-27
鄭成功 旋風に告げよ（下）
陳 舜臣

父芝竜は形勢の不利をさとり清朝に投降するが、鄭成功はなおも抗清の志を曲げない。貿易による潤沢な資金を背景に強力な水軍を統率し南京へ向かう。

203437-2

番号	タイトル	サブタイトル	著者	内容紹介	ISBN
ち-3-31	曹操(上)	魏の曹一族	陳 舜臣	縦横の機略、非情なまでの現実主義、卓抜な人材登用。群雄争覇の乱世に躍り出た英雄の生涯に〈家〉の視点から新しい光を当てた歴史長篇。	203792-2
ち-3-32	曹操(下)	魏の曹一族	陳 舜臣	打ち続く兵乱、疲弊する民衆。乱世に新しい秩序を打ち立てようとした超世の傑物は「天下なお未だ安定せず」の言葉を遺して逝った。《解説》加藤 徹	203793-9
ち-3-35	孫文(上)	武装蜂起	陳 舜臣	清朝打倒を決意した孫文は、同志とともに広州で最初の武装蜂起を企てる――。「大同社会」の実現をめざして、世界を翔る若き革命家の肖像。	204659-7
ち-3-36	孫文(下)	辛亥への道	陳 舜臣	たび重なる蜂起の失敗。しかし宮崎滔天ら多くの日本人と中国留学生に支えられ、王朝の終焉に向けて孫文は革命運動の炎を燃やし続ける。《解説》加藤 徹	204660-3
み-36-1	奇貨居くべし	春風篇	宮城谷昌光	秦の始皇帝の父ともいわれる謎多き呂不韋。一商人から宰相にまでのぼりつめた人物の波瀾に満ちた生涯を描く歴史大作。本巻では呂不韋の少年時代を描く。	203973-5
み-36-2	奇貨居くべし	火雲篇	宮城谷昌光	「和氏の璧」の事件を経て、孟嘗君、孫子ら乱世の英俊と出会い、精神的・思想的に大きく成長する、青年呂不韋の姿を澄明な筆致で描く第二巻。	203974-2
み-36-3	奇貨居くべし	黄河篇	宮城谷昌光	孟嘗君亡きあと、謀略に落ちた慈光苑の人々を助け、新しい一歩を踏み出す呂不韋。一商人から宰相にのぼりつめた政商の激動の生涯を描く大作、第三巻。	203988-9
み-36-4	奇貨居くべし	飛翔篇	宮城谷昌光	いよいよ商人として立つ呂不韋。趙にとらわれた公子を扶け、大国・秦の政治の中枢に食い込むための大きな賭けがいま、始まる! 激動の第四巻。	203989-6

各書目の下段の数字はISBNコードです。978 - 4 - 12が省略してあります。

み-36-5
奇貨居くべし 天命篇　宮城谷昌光
商賈の道を捨て、荘襄王とともに理想の国家をつくるため、大国・秦の宰相として奔走する呂不韋だが……。宮城谷文学の精髄、いよいよ全五巻完結！
204000-7

み-36-7
草原の風（上）　宮城谷昌光
三国時代よりさかのぼること二百年。劉邦の子孫にして、勇武の将軍、古代中国の精華・後漢王朝を打ち立てた光武帝・劉秀の若き日々を鮮やかに描く。
205839-2

み-36-8
草原の風（中）　宮城谷昌光
三国時代に比肩する群雄割拠の時代、天下に乱立する英傑と鮮やかな戦いを重ね、天下統一へ地歩を固める劉秀。天性の将軍・光武帝の躍動の日々を描く！
205852-1

み-36-9
草原の風（下）　宮城谷昌光
いよいよ天子として立つ劉秀。その磁力に引き寄せられるように、多くの武将、知将が集結する。光武帝の後漢建国の物語、堂々完結！〈解説〉湯川 豊
205860-6

み-36-11
呉　漢（上）　宮城谷昌光
貧家に生まれた呉漢は、運命の変転により、天下統一を目指す劉秀の将となるが……。後漢を建国し、中国統一を果たした光武帝が最も信頼した武将を描く。
206805-6

み-36-12
呉　漢（下）　宮城谷昌光
王莽の圧政に叛旗を翻す武将たちとの戦いの中で、光武帝・劉秀の信頼を得た呉漢。天下の平定と光武帝のためにすべてを捧げた生涯を描く。〈解説〉湯川 豊
206806-3

た-57-1
中国武将列伝（上）　田中 芳樹
群雄割拠の春秋戦国から、統一なった秦・漢、世界帝国を築いた唐——国を護り民に慕われた将たちの評伝で綴る、人間味あふれる歴史物語。
203547-8

た-57-2
中国武将列伝（下）　田中 芳樹
大唐世界帝国の隆盛。北方異民族に抗し英雄続出する宋。そして落日の紫禁城・清——中国史の後半を、国を護り民に慕われた名将たちの評伝で綴る。
203565-2